KB135382

교수는
무엇으로
사는가

교수는
무엇으로
사는가

변창구 지음

한국학술정보

프롤로그

　톨스토이(Leo Tolstoy)는 '사람은 무엇으로 사는가'(1888)라는 소설을 통하여 제정 러시아의 압정과 산업혁명의 모순 속에 신음하는 러시아인들에게 '인간애와 자기절제의 도덕률'을 심어주고자 하였다. 내가 이 책을 집필하게 된 동기도 그와 유사하다. 왜냐하면 현재 우리나라는 '대학의 위기' 속에 '교수의 위기'가 계속되고 있기 때문이다.

　나는 '교수는 무엇으로 사는가'라는 물음에 답하기 위하여 지난 38년간(1981~2019) 교수로서의 삶을 회고하면서 정리해 보았다. 내가 교수직을 수행하면서 얻을 수 있었던 유용한 경험들, 즉 '교수의 추구가치와 그 진로'가 오늘날 위기의 교수들에게 '한 가닥 희망'이 되었으면 좋겠다는 마음이다. 대학이 위기상황이라고 해서 교수의 일탈(逸脫)이 정당화될 수는 없으며, 교수는 지식인으로서 그 책임과 의무를 다해야 한다.

　나는 참으로 운이 좋은 사람이다. 대학시절 스스로 학비를 벌어야 했던 고학생(苦學生)이었지만 캠퍼스 잔디밭에서 친구들과 소크라테스(Socrates)와 니체(Nietzsche)를 토론하고 축제를 즐기면서 대학의 낭만을 만끽할 수 있었다. 고도 경제성장기에 졸업하였던 관계로 취업 걱정은 없었으며, 대기업은 골라서 들어갈 수 있었다. 말하자면 이제는 추억이 되어버린 '낭만적인 대학생활'을 하였던 것이다.

이뿐만 아니라 요즈음 사회과학분야의 신임교수 평균나이가 43세라고 하는데, 나는 28세에 교수가 되었으니 보통 행운이 아니었다. 이러한 행운을 얻은 데에는 교수의 길로 이끌어주신 학부와 대학원 은사님들의 도움이 컸다. 어려운 경제사정 때문에 외무고시에 매달려 있던 제자의 적성을 잘 파악하시고 정치적 영향을 많이 받는 외교관보다는 스스로의 노력을 정당하게 평가받을 수 있는 학자의 길로 안내해주셨던 것이다.

더욱이 새내기 교수시절에 백강(白岡) 이종호(李鍾浩) 교수님을 만난 것은 행운이었다. 내가 소속한 학과의 가장 원로교수로서 '청죽(靑竹) 같은 삶'을 사신 백강 선생님은 '교수는 무엇으로 사는가'를 올바르게 가르쳐주신 '교수의 롤 모델'이었다. 전형적인 선비의 풍모를 지닌 교수님은 당신의 평생 연구주제인 '도덕교육'의 권위자였을 뿐만 아니라, 제자들에게는 항상 엄격하면서도 자애로운 교육자였다. 6·25에 위생병으로 참전하여 부상을 입었던 선생님은 바로 '행동하는 지성'이었다. 당시 연구실이 부족해서 6개월간 백강 선생님의 연구실을 함께 사용하면서 받은 가르침은 새내기 교수의 성장에 커다란 밑거름이 되었다. 이처럼 나는 많은 분들의 격려와 가르침에 힘입어 교수의 길을 걸어왔기 때문에 지난 38년 동안의 교수생활은 참으로 의미 있고 행복한 시간이 될 수 있었다.

그렇다면 나처럼 운 좋게 교수가 된 사람들의 책임은 무엇인가? 도처에 박사 낭인(浪人)들이 널려 있는 이 슬픈 현실에서 교수가 된 사람들은 당연히 대학과 사회에 대해 주어진 책임과 역할을 다해야 한다. 대학교수의 공채에는 학문분야에 따라서 다르기는 하지만 정치외교학의 경우 1명 모집에 15명에서 20여 명의 우수한 인재들이 지원하는 것이 보통이다. 해외명문대에서 박사학위를 취득한 우수한 능력을 가진 많은 사람들 중에서 자신이 정말로 운 좋게 교수로 선택되었다면 특혜를 입은 것이나 다름이 없다. 따라서 오늘날 한국사회에서 대학교수로 재직하고 있는 모든 사람들은 그 책임이 참으로 막중하다는 사실을 잠시도 잊어서는 안 된다.

내가 이 책을 써야 되겠다고 생각한 이유도 바로 여기에 있다. 38년 동안이나 교수라는 특혜를 입었으니 그 책임이 더욱 더 무겁다. 오늘날 대학의 위기상황이 계속되는 가운데 흔들리고 있는 후배교수들에게 선험자로서의 경험을 통하여 '교수는 무엇으로 사는가'를 다시 한번 생각할 수 있는 계기를 만들어줌으로써 그 책임의 일부라도 행하고 싶다. 비록 석학은 아니지만 평범한 교수로서 살아온 진솔하고도 행복한 경험담은 '후배교수들이 나아가는 교수의 길에 작은 희망의 등불'이라도 될 수 있을 것으로 기대하기 때문이다.

더욱이 오늘날 지식인을 대표하는 교수사회가 '돈과 권력에 유착되어 심각하게 병들어가는 현실'을 지켜보면서 '교수 본연의 길'이 무엇인지를 다시 한번 더 생각하는 계기를 만들어주고 싶었다. 교수에게는 가진 자의 도덕적 의무인 '노블레스 오블리주(*noblesse oblige*)' 정신이 필요하다. 교수는 돈이나 권력을 가진 것은 아니지만, 지식과 명예를 가진 사람이기 때문에 당연히 그에 수반하는 책임의식을 가져야 한다.

교육자이자 연구자로서 명예를 먹고 살아야 하는 교수가 돈이나 권력에 유착한다면 그는 불행의 길로 들어서게 되는 것이다. 권력자의 잘못을 시정하도록 일깨워주고 사회의 부정부패를 방지하는 데 앞장서야 할 교수가 먼저 돈이나 권력을 좇아다닌다면 나라의 미래는 어떻게 되겠는가. 아무리 황금만능주의 시대라고 하더라도 교수는 장사꾼이 아니며 또한 그렇게 되어서도 안 된다.

이뿐만 아니라 대학교수들은 학생들에 대한 책임도 무겁다. 지금의 대학생은 어떠한가? 고등교육 환경은 크게 좋아졌고 대학도 엄청나게 늘어나서 이제는 원하면 누구든 대학에 진학할 수 있게 되었다. 이른바 '고등교육의 대중화시대'가 열린 것이다. 그러나 고등교육이 보편화됨으로써 '준비 안 된 대학생들'이 늘어나고 있고, '학력 인플레이션'의 문제점도 점차 심각해지고 있다. 과거의 대학생보다도 더 열심히 공부하지만 제대로 된 직장에 취업하기가 결코 쉽지 않다. 특히 인문사회계 대학생들은 취업절벽 앞에서 신음하고 있으니 그들을 가르치고 있는 교수들의 책임과 역할이 막중하다.

이처럼 대학교수를 둘러싼 환경들이 날로 악화되고 있으니 교수도 자칫하면 정도(正道)를 벗어나게 된다. 이미 여러 대학들에서 일부 교수들이 '교수의 길에서 일탈'함으로써 연일 언론에서는 일그러진 교수사회의 부끄러운 모습들을 적나라하게 보여주고 있다. 물론 대부분의 교수들은 대학의 위기상황에서도 변함없이 교수 본연의 길을 묵묵히 걸어가고 있다. 더욱이 대학의 본질적 사명을 다하기 위하여 온몸을 던져 왜곡된 교수사회를 바로잡으려고 노력해온 선배, 동료교수들도 적지 않다. 필자 역시 교수의 길을 가는 데 그들의 노력과 격려가 큰 힘이 되었음에 감사한다.

마지막으로 이 책은 나의 개인적 경험에 토대를 둔 교수론이지만 한국의 교수사회에 적지 않은 함의를 던져줄 수 있을 것으로 기대한다. 왜냐하면 오늘날 '위기의 대학'에 재직하고 있는 '위기의 교수'들은 정도의 차이는 있지만 모두가 대학과 교수들이 나아가야 할 올바른 방향에 대해서 하나같이 염려하고 있기 때문이다. 38년 동안 '참으로 행복한 교수생활'을 하였던 '한 평범한 교수의 행복 바이러스'가 위기의 대학에서 고군분투(孤軍奮鬪)하시는 모든 교수님들에게 잘 전파되었으면 좋겠다는 바람을 가져본다.

2019년 2월 28일
38년 교수직을 정년퇴임 하는 날
연구실에서 변창구

목차

제1부

교수는 무엇으로 사는가

1. 교수는 어떤 존재인가

교수는 전문영역에 대한 교육자이자 연구자이며, 자신의 전문지식을 사회에 환원하는 봉사자이기도 하다. 우리나라의 각 대학에서 선포한 '교수윤리헌장'이나 '교수윤리강령'을 살펴보면 공통적으로 중시하고 있는 내용이 교수는 교육자, 연구자 그리고 봉사자로서 어떻게 행동해야 하는가를 규정하고 있다.

'교육자로서의 교수'는 전공분야의 전문지식뿐만 아니라 인격과 교양을 아울러 갖추도록 교육함으로써 미래에 필요한 인재를 배출하는 데 최선을 다해야 하며, '연구자로서의 교수'는 학자의 양심에 따라 연구를 수행하며, 학문의 수월성을 제고하여 인류사회의 발전에 이바지해야 한다. 또한 '봉사자로서의 교수'는 자신의 전문지식을 사회에 환원함에 있어서 책임 있는 자세로 공공이익과 복리증진에 기여해야 한다.

이처럼 중요한 책무를 가지고 있는 존재가 바로 교수인데, 이 글에서의 말하는 교수란 '정년트랙에 있는 조교수·부교수·교수 등 대학의 전임교수'들을 말한다. 왜냐하면 현재 우리나라 대학의 경우 '교수의 종류와 그 역할'[1])이 너무나 다양하여서 비정년트랙에 있는 비전임교수들과 혼동을 일으킬 수 있기 때문이다.

대학의 정년트랙 교수들은 평생을 연구와 교육에 종사하는 사람들인데, 이러한 교수직에 채용되는 것은 매우 어려운 것이 현실이다. 내가 전공한 정치학의 경우 여러 대학의 교수채용심사에 참여해보면 1명 모집에 대체로 15명에서 20명 정도의 박사학위 소지자들이 지원하고 있는데, 이 가운데 해외명문대 박사를 포함해서 해외파가 대부분이고 국내박사는 소수에 불과하다. 인문사회분야의 신임교수 채용 경쟁률은 대동소이(大同小異)할 것이니 교수 되기가 정말 하늘의 별 따기와 같다. 대학을 졸업하고 석사 및 박사과정을 거쳐서 학위를 받을 때까지의 시간은 보통 짧게는 7~8년에서 길게는 10년 이상 소요되니 경제적, 시간적 투자가 엄청나다. 이렇게 노력하고 투자해도 대

---

1) 일반적으로 대학교수라고 하면 정년트랙에 있는 조교수, 부교수, 정교수 등을 말하는 것이지만, 비정년트랙의 교수들도 있다. 비정년트랙의 교수는 연구교수, 산학협력중점교수, 교육중점교수, 초빙교수, 겸임교수, 특임교수, 명예교수, 대우교수, 계약교수, 외래교수, 임상교수 등 수없이 많다. 정년트랙의 교수들은 특별한 문제가 없으면 정년이 보장되는 교수들이지만, 비정년트랙의 교수들은 대학의 필요에 의해서 일정기간 대학에 적을 두고 주어진 역할을 수행하는 교수들이다.

학의 전임교수가 보장되지 않는 것이 현실이다. 더욱이 결혼하여 가정경제를 책임져야 하는 경우에는 여러 대학에서 강사로 뛸 수밖에 없으니 연구할 시간이 늘 부족하다.

이처럼 하늘의 별 따기와 같이 우수한 박사들의 경쟁에서 승리한 사람만이 대학의 전임교수 직위를 얻게 된다. 모두 비슷한 능력을 갖고 있는 사람들 중에 오직 자신이 선택되었다는 것은 '능력이 탁월했기 때문이라기보다는 행운이 있었기 때문'이라고 보아야 할 것이다. 바로 이러한 사실을 송복 교수는 그의 저서 『특혜와 책임』에서 다음과 같이 말하고 있다.

> "교수채용 지원자들은 모두가 우수한, 그러나 모두가 비슷비슷한 우수함이다. 특별히 '이 사람이다' 하는 경우는 극히 드물다. 그래서 선정 후 뒷말이 무성한 것도 교수사회이다. 그렇다 해도 그 비슷비슷한 우수함 중에서 어느 한 사람은 어쨌든 뽑아야 하고, 그렇게 뽑힌 교수는 뽑히지 못한 비슷비슷한 다른 인재의 불운과 '희생' 위에서 교수라는 이 지위를 획득한 것이다."[2]

이처럼 그의 주장은 교수로 선임된 사람은 '능력이 아니라 운이 좋아서' 교수직이라는 특혜를 입었으니 당연히 그에 수반하는 책임을 다해야 한다는 것이다. 물론 선임된 교수는 기본적으로 교수공채에 명기된 지원자격을 모두 갖추고 있다는 점에서는 능력이 있는 것이지만, 거의 비슷한 능력을 가진 많은 학자들 중에서 특별히 선정되었다는 것은 운이 좋았다고 보아야 할 것이다. 교수 채용에 낙방한 많은 지원자들 역시 교수로

---

2) 송복, 『특혜와 책임』, 서울: 가디언, 2016, p.50.

서 충분한 자격을 갖추고 있었다는 점에서 더욱 그러하다.

한편 최근 우리 사회의 교수들은 교수업적평가를 통한 연봉제가 시행됨으로써 연구와 강의, 학술발표, 다양한 학사행정업무 등으로 책무의 무게가 만만치 않다. 그럼에도 불구하고 다른 직종과는 달리 주당 9시간 내외의 강의를 하면 되고, 여름과 겨울에 각각 2개월 이상의 방학이 있다는 점에서 시간활용을 스스로 조절할 수 있는 여지가 크다는 사실 하나만 하더라도 커다란 특혜가 아닐 수 없다. 이에 대해 박노자 교수는 다음과 같이 말한다.

> "한국에서 대학교수의 신분은 예외적이고 특권적이다. 상당한 상징자본을 손에 쥐고 있는데다가 정년보장을 받고 다른 직종에 비해 시간적 여유도 갖는다. 언론인이나 종교계 인사에 비해서도 덜 눈치 봐도 되는 부러운 신분이다."[3]

물론 교수에게는 많은 연구시간이 필요하기 때문에 강의시간이 최소화되어 있고, 방학기간은 당연히 연구활동의 연장선에 있음은 두말할 필요가 없다. 그러나 어느 누구의 간섭을 받지 않고 '작은 천국'이라는 '교수연구실'에서 자신이 관심을 가지는 분야의 연구에 몰두할 수 있도록 여건을 마련해주고 있다는 사실이 얼마나 큰 특혜인가. 따라서 교수는 항상 이러한 특혜의 의미를 명심하는 동시에 당연히 그에 수반하는 책임과 의무에 충실하지 않으면 안 된다.

---

3) 박노자, "한국, 폴리페서들의 천국", 『한겨레』, 2018년 1월 3일.

2. 교수의 책무와 추구가치

교수의 책무는 무엇인가

교수는 연구자이자 교육자, 그리고 봉사자로서 대학과 사회에 대해서 막중한 책임이 수반된다. 교수는 자신이 관심을 가진 전공분야에 있어서 최고의 전문가가 되기 위하여 밤낮없이 연구에 몰두해야 하며, 연구를 바탕으로 학생들에게 양질의 교육을 제공해야 한다. 또한 국가사회가 요청한다면 관련분야의 전문가로서 필요한 자문에 응하여 조언을 해주는 봉사자가 될 수 있어야 한다.

한국에서의 교수는 학자이자 지식인으로서 막중한 역할과 책임을 가지고 있는데, 그것은 크게 두 개의 차원으로 나누어볼 수 있다. 그 하나는 교수가 재직하고 있는 대학에서의 책임과 역할이고, 다른 하나는 국가사회에 대한 교수의 사명이다.

대학에서의 교수의 역할과 책임이 무거운 것은 대학 구성원들, 즉 교수·학생·직원 등 세 그룹 가운데 교수가 가장 핵심적 위치에 있기 때문이다. 일반적으로 직원은 교수와 학생의 활동을 지원하는 역할을 맡고 있고, 피교육자인 학생은 4년마다 바뀌게 되지만, 교수는 특별한 경우가 아니면 대체로 정년까지 수십 년을 한 대학에서 중추적 역할을 하고 있다. 대학의 기능은 국가와 사회가 필요로 하는 유능한 인재를 양성하는 데 있는데, 이를 위하여 대학에서 가장 중요한 역할을 수행하는 사람이 바로 교수이기 때문이다. 따라서 대학에서 교수의 역할은 학문 후속세대의 양성 및 사회가 요구하는 인재를 육성하기 위한 학생교육과 지도가 중요한 책무라고 할 수 있다.

나아가 교수는 전문가라는 명예를 가진 지식인으로서 국가사회에 봉사해야 하는 책임과 역할이 있다. 인문사회과학에 종사하는 교수들은 인간의 정신적 풍요에 기여하고 정의로운 사회를 구현하는 데 이론적, 학문적으로 기여해야 할 것이며, 자연과학이나 공학자들은 인간의 삶의 환경개선과 물질적 풍요를 위하여 기여할 수 있어야 할 것이다. 따라서 교수들은 자신의 전공분야에서의 지속적인 학문연구는 물론이고, 그것을 현실에 접목하여 실행함으로써 국가사회에 기여해야 하는 책무를 동시에 지고 있는 것이다.

교수의 추구가치는 무엇인가

그렇다면 이러한 책무를 다하기 위해서 교수에게 요구되는 가치관은 무엇인가. 일반적으로 사람들이 추구하는 중요한 가치들에는 돈·권력·명예가 있는데, 교수는 이 가운데 명예를 먹고 살아가는 사람들이라고 할 수 있다. 비즈니스(business)를 하는 사람에게는 돈이 가장 중요한 가치이고, 정치인은 권력의 획득, 유지 및 확대가 그 최고의 목표이다. 반면에 교수는 자신이 관심을 갖고 있는 분야의 전문가로서 연구와 교육, 그리고 사회봉사를 하면서 명예를 먹고 살아가는 사람들이다.

교수는 본연의 책무를 다하면서 명예를 지켜나가기 위해서는 확실한 교수관을 가지고 지속적으로 수련하지 않으면 안 된다. 왜냐하면 최근에는 여러 가지 불명예스러운 사유로 교수로서의 명예로운 정년퇴임을 하지 못하는 사람들이 적지 않기 때문이다. 어떤 교수는 권력을 탐하여 선거철만 되면 힘 있는 정치인들의 캠프에 이름을 올리면서 정치권에 서성거리고, 또 어떤 교수는 국회의원이나 청와대 수석으로 활동하다가 구속, 수감되어 얼굴을 들고 다니지 못한다. 어떤 교수는 연구와 교육보다 연구비 수주에 혈안이 되어 온갖 외부 프로젝트에 이름을 걸치고 사교활동을 하고 있으니 교수인지 비즈니스맨인지 구분이 가지 않는다. 또한 연예인인지 교수인지 분간이 되지 않을 정도로 TV 출연이 잦은 '예능 교수'들이 있는가 하면, 대학에서 심심찮게 불거지고 있는 제자와의 성추문으로 학교를 떠나는 교수들도 있다. 시나브로 대학의 교수사회가 심각하게 병들어가고 있는 것이다.

　명예를 소중하게 생각하고 본연의 책무에 충실해야 할 교수가 돈과 권력을 탐한다면 그는 이미 교수이기를 포기한 것이나 다름없다. 교수직에 있으면서 경제인이나 정치인의 가치를 추구하는 것은 본인을 위해서나 공동체를 위해서도 커다란 불행이 아닐 수 없다. 특히 인문사회과학을 전공하는 교수들은 '가치와 당위의 문제'에 관심을 가질 수밖에 없기 때문에 교수로서의 바람직한 가치관을 가지고 품격을 유지하는 것이 매우 중요하다. 왜냐하면 "교수는 가르친다는 일의 위중함과 무게 때문에 위선자가 될 위험에도 항상 크게 노출돼 있는 사람"4)이 기 때문이다. 따라서 오늘날 위기를 맞고 있는 우리나라의 대학에서 '교수들의 올바른 가치관의 확립'은 그 어느 때보다도 중요하다는 사실을 강조하지 않을 수 없다.

---

4) 김혜숙, "가르친다는 일의 위중함과 위선자가 될 위험...교수는 무엇으로 사는가?", 『교수신문』, 2016년 12월 26일.

3. 교수의 선비정신: 노블레스 오블리주

우리 사회에서 교수들은 가진 자에 해당한다. 돈과 권력을 많이 가진 것이 아니라 지식과 명예를 가지고 있다. 그리고 이러한 유형 또는 무형의 자산을 가진 자는 그렇지 못한 자에 대한 도덕적 의무를 다해야 한다는 것이 선진국의 '노블레스 오블리주(*noblesse oblige*)'5) 정신이며, 우리에게 있어서 그러한 정신은 바로 '선비정신'6)이다.

국어학자 이희승 교수는 그의 작품 '딸깍발이'에서 한국의 전통적인 선비정신을 다음과 같이 말하고 있다.

> "청렴개결(淸廉介潔)을 생명으로 삼는 선비가 재물을 알아서는 안 된다. 어찌 감히 이해를 따지고 가릴 것이랴. 오직 예의, 염치가 있을 뿐이다. 인(仁)과 의(義) 속에 살다가 인과 의를 위해 죽는 것이 떳떳하다. … 현대인은 너무 약다. 전체를 위해 약은 것이 아니라 자기중심, 자기본위로만 약다. 백년대계를 위해 영리한 것이 아니라, 당장 눈앞의 일, 코앞의 일에만 아름아름하는 고식지계(姑

---

5) 노블레스 오블리주란 프랑스어로서 '귀족성은 의무를 갖는다'는 의미이다. 부(富)나 권력 또는 명성을 가진 사람은 사회에 상응한 책임을 져야 한다는 것이다. 영국의 엘리자베스 여왕은 1945년 당시 19세의 공주 신분으로서 여군장교로 입대하여 제2차 세계대전에 참전하였으며, 앤드루 왕자는 1982년 포클랜드 전쟁에 참전하였다. 영국 최고의 명문이자 귀족의 자존심이라고 불리는 이튼 칼리지(Eton college)의 본관 벽면에는 1·2차 세계대전에서 전사한 이 학교 출신 2,000여 명의 이름이 새겨져 있다. 이튼인(Etonian)들이 전통적으로 마음에 새기고 있는 것은 '약자를 위해, 시민을 위해, 나라를 위해'라는 슬로건이다. 바로 이것이 영국의 힘이요, 왕실이 국민으로부터 존경받는 이유이다.

6) 선비정신의 핵심은 수기치인(修己治人), 사생취의(捨生取義), 견리사의(見利思義), 지행일치(知行一致), 솔선수범(率先垂範), 엄정한 출처관(出處觀) 등이다. 자세한 내용은 변창구, "선비정신의 현대적 의의와 발전방안", 『민족사상』, 제10권 제1호, 한국민족사상학회, 2016을 참조할 것.

息之計)에 현명하다. 염결(廉潔)에 밝은 것이 아니라, 극단의 이기
주의에 밝다. 이것은 실상은 현명한 것이 아니요, 우매(愚昧)하기
짝이 없는 일이다. 제 꾀에 제가 빠져서 속아 넘어갈 현명이라고
나 할까. 우리 현대인도 '딸깍발이'의 정신을 좀 배우자. 첫째는
그 의기(義氣)를 배울 것이요, 둘째는 그 강직(强直)을 배우자."[7]

이러한 선비정신이 오늘날 한국의 교수사회에서는 어떠한가?
현재와 같은 대학의 위기상황에서 치열한 생존경쟁을 벌이고
있는 교수들에게 '딸깍발이 정신'이 필요하다고 한다면 시대착
오(時代錯誤)라고 비판할 것인가. 물론 그렇지 않다. 대학의 교
수가 된 이상 경제적으로 충분하지는 않으나 생활에 큰 불편은
없을 것이다. 문제는 더 많은 부를 가지기 위하여 교수의 본분
을 망각함으로써 교수에게 가장 소중한 명예를 잃어버리게 된
다는 사실이다. 교수가 받는 월급과 연구비를 아무리 축적해도
대기업 경영자들의 부를 따라가는 것은 불가능한 일이다. 설사
교수가 그러한 부를 축적했다고 하더라도 훌륭한 교수로서 인
정받는 것은 아니다. 훌륭한 교수와 부(富)의 정도는 전혀 관계
가 없기 때문이다. 남산골샌님의 고지식함과 절개는 사회의 지
도자인 교수로서 당연히 가져야 할 자세이다. 딸깍발이의 선비
정신을 고리타분한 옛날 얘기로 치부해서는 안 된다. 황금만능
주의와 극단적 이기주의가 난무하고 있는 오늘날의 교수들에게
정말로 필요한 것은 '부'가 아니라 '딸깍발이 정신'이다.
교수가 지식인이라는 사실은 자타가 공인하고 있으며, 지식

---

7) 이희승, 『딸깍발이』, 파주: 범우사, 2013, pp.23~24.

인은 오직 자기 자신만을 위해서 살아가서는 안 되는 사람들이다. 지식인은 가진 자로서 공동체와 국가사회에 대한 일정한 책임과 의무가 있기 때문이다. 교수는 지식과 명예를 가진 자로서 정의로운 사회를 건설함에 있어서 그의 도덕적 책무를 다하지 않으면 안 된다.

4. 대학의 위기, 교수의 위기

대학위기의 원인(1) : 외부적 요인

대학위기의 가장 큰 요인은 수요와 공급의 불일치에서 비롯되고 있다. 대학의 공급과잉에다가 인구절벽시대를 맞이하면서 학령인구의 급격한 감소로 대학의 신입생 충원이 점점 어려워지고 있는 것이다. 대학정보 공시 사이트인 '대학 알리미'에 따르면 2017년 4년제 일반대학 204개교 중 80%가량에 해당하는 163개교가 신입생 미달사태를 겪었던 것으로 나타나고 있다.8) 게다가 학령인구의 감소와 함께 대학에 진학하지 않는 고등학교 졸업자들도 늘어나는 추세이다.

2018년 현재 한국의 대학은 전문대를 포함하여 모두 384개이며 입학정원은 48만 3천 명이다.9) 2000년 65만 명이었던 신입생정원이 학령인구의 감소와 대학구조개혁의 결과로 18년 동안 약 17만 명 정도가 줄었다. 반면에 2013년 63만 명이던 고등학교 졸업생 수가 2018년에는 51만 명으로 급감하고, 2020년에는 47만 명, 그리고 2023년에는 39만 8천 명으로 떨어지는 이른바 '인구절벽'을 맞이하게 된다.10) 현재도 이미 폐

---

8) 『중앙일보』, 2018년 3월 25일.

9) 4년제 대학은 1990년 125개였는데 교육부의 '대학설립준칙주의' 시행으로 대학설립이 쉬워지자 무분별하게 대학을 설립한 결과 2010년에는 202개로 급속히 증가하였으며, 이것이 오늘날 대학의 부실과 위기를 초래한 하나의 요인이 되었다.

10) 『조선일보』, 2018년 10월 2일.

교되었거나 '신입생 미충원대학'[11]이 있지만, 2010년 이후에는 초과정원이 급격히 증가하면서 특히 서울 등 수도권 대학에 비해서 모든 여건이 열악한 지방대학들은 구조조정의 회오리 속에 살아남기 위하여 몸부림치고 있다. 이러한 상황을 빗대어 어느 지방의 대학들은 신입생 충원이 어려워지자 '동남아대학', 즉 '동네에 남아 있는 아줌마, 아저씨들을 끌어 모으는 대학'으로 바뀌어간다는 우스개가 나오고 있을 정도이다.

이뿐만 아니라 대학이 경쟁력을 갖지 못하면 학생들은 재학 중에도 언제든지 다른 대학으로 편입을 하게 된다. 각 대학에서는 재학생의 중도 이탈자가 발생하면 편입생을 모집하게 되는데, 전국적으로 대학이 서열화되어 있는 우리나라의 현실에서는 3월 새 학기가 시작되기 전에 '편입시험'이라는 또 한 번의 '대학생들의 대이동'이 일어난다. 따라서 경쟁력이 없는 대학은 신입생 충원뿐만 아니라 재학생의 이탈도 막아야 하는 이중고(二重苦)를 겪고 있는 것이다.

이러한 문제를 해결하기 위하여 교육부는 각 대학에 구조개혁을 강력하게 요구하고 있다. 정부의 '각종 재정지원사업'[12]은 대부분 대학의 구조조정, 즉 모집정원 감축과 연계하여 이루어지고 있다. 신입생 감소와 등록금 동결 등으로 재정위기에

---

11) 대학정보 공시사이트인 '대학 알리미'에 따르면 2017년도 4년제 일반대학 204개 가운데 80%가량에 해당하는 163개교가 신입생 충원미달 사태를 겪었다. 『중앙일보』, 2018년 3월 25일.

12) 그동안 정부가 대학에 지원해온 재정지원사업에는 대학특성화(CK)사업, 학부교육선도대학(ACE)사업, 두뇌한국(BK)사업, 산학협력선도대학육성(LINC)사업, 산업연계교육활성화선도대학(PRIME)사업, 인문역량강화(CORE)사업 등이 있다.

내몰린 대학들은 교육부의 재정지원사업에 사활을 걸고 있는 실정이다. 교육부의 재정지원사업은 평가지표의 성적에 따라 선정 여부가 결정되기 때문에 대학들은 높은 점수를 받기 위하여 수단과 방법을 가리지 않는다. 정체를 알 수 없는 전공학문, 이름만 화려한 융복합교육, 형식적인 학제 간 협력프로그램 등이 오직 교육부의 재정지원사업에 선정되기 위하여 잠시 급조되었다가 사라진다. 대학이라는 최고의 고등교육기관에서 이처럼 매우 '비도덕적이고 비교육적인 행태들'이 공공연히 벌어지고 있는 것이다.

교육부의 대학정책이 반드시 긍정적인 효과를 가져온 것은 아니다. 교육부는 '재정지원'이라는 수단으로 대학을 통제해왔기 때문에 정권이 교체될 때마다 교육정책은 '백년대계(百年大計)가 아니라 조령모개(朝令暮改)'였다. 대학입시제도에서부터 구조개혁에 이르기까지 교육부가 대학에 간섭하지 않는 것이 거의 없다. 자율성을 바탕으로 스스로 경쟁력을 제고해나가야 할 대학들이 '교육부의 평가와 지침'이라는 타율에 의해 교육부만 쳐다보면서 목숨을 부지하고 있는 형국이다. 자율성이 결여된 대학이 본연의 사명을 다할 수 없을 것이라는 점은 재론의 여지가 없다. 오죽하면 뜻있는 사람들이 우리나라에는 '교육부가 없어져야 대학이 살아날 수 있다'고 한탄하는가 말이다.

이러한 상황에서 각 대학과 총장들은 스스로 생존의 길을 찾아 나서고 있다. 대학은 자체적으로 고등교육연구소를 설립해서 존폐위기에 놓인 대학의 생존전략을 연구하고 있으며, 총장들은 자체적인 대학혁신과 구조개혁을 추진하는 한편, 서울의 경우 10개 대학 총장들이 출범시킨 '미래대학포럼'[13]에서 보는 바와 같이 대학 간 협력을 통해 자구책을 모색하기도 한다. 또한 각 대학에서는 재정난을 극복하기 위한 방법의 일환으로 강사료를 많이 주어야 하는 외래교수(강사)의 채용을 줄이는 대신 전임교수의 책임시수를 늘림으로써 강의의 질 저하와 함께 외래교수들이 대량 해고의 위기에 처해 있다.

한편 4차 산업혁명에 따른 교육환경 및 교육방법의 변화 역시 대학의 위기를 가속화하고 있다. 이른바 초고도 지능정보사회의 출현으로 대학은 커다란 교육환경의 변화라는 도전에 직면해 있다. 인공지능, 빅데이터, 나노기술, 3D와 4D 융합바이오 기술 등의 혁신적 발전은 대학의 교육내용 및 교육방법을 크게 변화시키고 있는 것이다. 이미 무크(MOOC: Massive Open Online Course)에서 볼 수 있듯이 이제는 CFC(Campus Free Credit) 시스템이 일반화될 수 있는 환경이 되었다.[14] 교육의 시간적, 공간적 제약과 물리적 제약이 사라지거나 현저히 완화될 가능성이 높다. 대학체제는 사이버 공간, 물리적 공간, 시간적 공간 등의 벽이 완전히 무너지는 체제, 즉 내부와 외부의 모든 면에서 전공 간, 학문 간, 영역 간 벽이 없는 열린 체

---

13) 이 포럼은 2016년 경희대, 고려대, 서강대, 성균관대, 숙명여대, 연세대 등 서울지역 10개 사립대 총장들이 다양한 주제를 논의하고 정책을 제시하기 위한 것으로서 대학의 학사제도나 입학제도는 물론 강의방식 등 미래사회의 인재육성을 위한 혁신방안을 모색하기 위한 목적에서 출범하였다.

14) 이현청, "대학의 위기와 미래 대학의 역할", 『한국대학신문』, 2017년 1월 1일.

제에 의한 융합학습체제로 크게 전환할 것으로 예상된다.15)

최근 유명대학의 강의를 인터넷을 통해 누구에게나 무상으로 제공하는 MOOC 플랫폼들이 등장해 참여대학과 제공과목들이 빠른 속도로 늘어나고 있다. MOOC에 의해서 대학과 교수가 사라질지도 모른다는 우려까지 나오고 있다. 이처럼 급변하는 교육환경 속에서 대학이 미래에도 지속가능한 발전을 하려면 대학 구성원들이 '대학의 질적 변화와 발전'을 위하여 '혁명적인 발상의 전환'이 불가피하다고 판단된다. 대학이 본래의 연구와 교육이라는 사명에 충실하지 못하고 오직 경영원리만을 앞세우는 '대학의 기업화현상'은 위기를 더욱 부추기고 있다.

대학위기의 원인(2): 내부적 요인

대학의 위기는 내부 구성원들, 즉 재단과 총장, 교수 및 학생들에게도 그 책임이 있다. 대학의 운영을 책임지고 있는 총장이나 재단, 연구와 교육을 책임지고 있는 교수, 학사업무를 지원하고 있는 직원 그리고 고등교육 대중화시대에 입학하고 있는 학생들에게도 적지 않은 문제점들이 있는 것이 사실이다.

우리나라의 사학들 중에는 대학을 마치 사기업처럼 생각하고 가족끼리 경영하여 비리의 온상이 된 사립대학 총장이나 이사장의 사례들은 한두 대학이 아니었다. 교비횡령과 회계비리,

---

15) 윤재원(역), 데버러 로드(저), 『대학의 위선: 공적 지식인으로서 교수는 어디로 사라졌는가』, 서울: 알마출판사, 2015, p.278.

교직원의 부정채용 및 인사비리, 신입생의 부정입학, 대학과 법인의 비민주적 운영 등 문제는 한두 가지가 아니다. 사회가 요구하는 지성인의 양성이라는 교육사업의 순수성은 간곳이 없고 이익이 된다면 수단과 방법을 가리지 않은 재단이나 총장의 비도덕적 행태는 대학운영의 목적을 의심케 한다.

대학이 오로지 수요와 공급이라는 시장원리에 따라 흘러가고 있고, 재단이나 총장은 대학의 이념과 사명을 생각할 겨를도 없이 대학의 현재 상태를 유지하는 데만 급급할 뿐 미래에 대한 구체적 비전을 제시하지 못하고 있다. 위기에 내몰린 대학들이 오직 생존을 위해서 신입생을 유인하는 행태들을 보면 이것이 정말 교육기관이라는 대학의 모습인지 말문이 막힌다. 어떤 대학은 신입생 전원에게 15일간의 '동남아연수'라는 미끼(?)를 내놓고 있는가 하면, 모든 신입생들에게 '최신형 노트북'을 선물로 주는 대학도 있고, 또 다른 대학에서는 장학금을 지급한다는 형식으로 입학 첫 학기의 등록금을 아예 받지 않는 경우도 있다. 이와 같은 '대학들의 장사꾼 행태'에 대해서 한 대학 관계자는 "한두 학기 등록금이나 입학금을 면제해주거나 수백 만 원을 들여 해외연수를 보내줘도 대학입장에서는 '남는 장사'이다. … 학생 충원율이 낮은 대학일수록 화려한 혜택을 내걸고 싶은 유혹에 빠질 수밖에 없다."[16]는 사실을 고백하고 있다.

이처럼 위기의 대학들은 스스로가 확고한 교육철학과 목표,

---

16) 『연합뉴스』, 2017년 7월 21일.

그리고 자생력 확보를 위한 구체적 전략을 모색하지 않고, 오직 수단과 방법을 가리지 않고 신입생 확보에 광분(狂奔)하면서 정부의 재정지원에만 목을 매는 '돈 타령'만 하고 있다. 사회적 변화를 이끌어내어야 할 대학이 오히려 사회적 변화에 이끌려가고 있는 것이다. 대학이 스스로 나아가야 할 방향을 설정하지 못하고 교육부나 언론기관의 평가에 맞추어서 생존방향을 찾고 있으니 심각한 '대학 정체성(identity)의 위기'를 맞고 있는 것이다. 우리나라 대학들이 '나의 생존을 남에게 맡기고 있는 꼴'이니 참으로 한심한 일이 아닐 수 없다.

게다가 대학이 수요자의 요구, 즉 학생들의 취업을 위하여 직업교육에 초점을 맞추다 보니 건전한 몸과 마음을 갖출 수 있는 전인교육, 민주사회를 이끌 소양교육이 턱없이 부족하다. 심지어 인문학도 인간과 관련한 근원적인 문제나 사상, 문화를 탐구하는 교육으로 가지 않고 직업교육에 더 치우쳐 본연의 길에서 점점 더 멀어져 가고 있다.[17] 대학인의 교양과 미래 비전에 필수적으로 요구되고 있는 이른바 '문사철(文史哲)', 즉 문학·사학·철학은 대학에서 천덕꾸러기가 된 지 이미 오래다.

한편 대학에서 중추적 역할을 해야 하는 교수들은 어떠한가? 부실연구와 연구비의 남용, 제자들을 혹사하거나 도를 벗어나는 추문들이 언론에 보도되고 있다. 또한 대학문화를 더럽히면서 해바라기처럼 권력을 좇아 교수의 본분을 망각하고 있는

---

17) 윤재원(역), 앞의 책, p.10.

'폴리페서(polifessor)'[18]들, 교육이나 연구보다 개인적인 명예와 이익을 챙기는 일에 매달리는 무책임한 교수들, 그리고 정치판을 방불케 하는 '캠퍼스 폴리틱스(campus politics)'는 우리나라 대학들의 부끄러운 자화상이다. 오죽하면 대학의 현직 교수가 "대학의 총장 선거판을 적나라하게 들여다보면 웬만한 비위 좋은 사람도 구역질이 나오는 것을 참기 어려울 것"[19]이라고 하였겠는가 말이다.

물론 교수로서 부끄럽지 않게 밤늦게 그리고 방학 중에도 연구실을 지키면서 연구와 강의준비를 하는 한편, 학생지도와 대외봉사에 양심적이고 원칙적인 자세를 견지하는 교수들도 많다. 문제는 이처럼 고지식하고 원칙적인 '딸깍발이' 교수들이 오늘날 한국의 대학에서 점점 더 찾아보기 어려워지고 있다는 사실이 대학의 위기를 더욱 심화시키고 있다. 교수 본연의 책무에 충실하지 못한 '권력 해바라기', 즉 폴리페서가 되거나 TV 출연에 혈안이 된 '예능 지식인'들이 판을 치고 있는 '교수 포퓰리즘(populism)'은 마치 '악화가 양화를 구축'하는 것처럼 대학의 위기를 가속화하고 있다. '대학의 위기가 교수의 위기를 초래'할 수 있지만, 반대로 교수들이 본연의 책무로부터 일탈하고 있는 '교수의 위기가 대학의 위기를 더욱 가속화'시키

---

18) 폴리페서란 영어에서 '정치'를 뜻하는 '폴리틱스(politics)'와 '교수'를 뜻하는 '프로페서(professor)'의 합성어로서, 현실 정치에 적극적으로 뛰어들어 자신의 학문적 성취를 실현하려 하거나 그러한 활동을 통하여 정계 또는 관계에서 고위직을 얻으려는 교수들을 가리킨다. 이 용어는 한국의 정치상황이 만들어낸 신조어이다.

19) 이광수, "정규직 대학 교수사회를 보면서 목 놓아 운다", 『가톨릭뉴스』, 2009년 8월 12일.

고 있는 형국이다.

이뿐만 아니라 고등교육이 대중화시대를 맞이하면서 '대학에 들어올 준비가 안 된 학생들'까지 대학에 진학함으로써 '대학 무용론'이 일어나고 있다. 세계 어느 나라보다도 높은 우리나라 부모들의 교육열이다 보니 부모가 자녀를 대학에 보내는 이유는 너무나 자명하니 '묻지 마라'이다. 간판이 필요한 사회분위기이니 대학졸업장이 있어야 하지 않겠느냐고 다그친다. 학생은 공부할 생각이 없는데 부모는 '무조건 대학은 가야 한다'는 것이다. 물론 최근에는 이러한 부모나 학생들의 생각에 '다소 변화의 조짐'[20])이 나타나기는 하지만 아직은 대학 진학이 대세이다.

이처럼 공부할 준비가 안 된 학생들이 많은 강의실의 모습은 참담하다. 교수의 강의가 진행되는 중에 휴대폰 문자를 하는 것은 보통이고, 엎드려서 자거나 학생들끼리 잡담을 하고 교실을 들락날락거리는 등 강의실 분위기가 크게 염려되고 있다. 이른바 우리나라 명문대학에서도 이런 일들이 비일비재하게 일어나고 있으니 '학생이 학생들을 질타하는 글'을 대학신문에 게재할 정도이다.[21]) 교수가 강의를 계속하기 어려울 뿐만 아니라 수강생들도 강의에 대한 집중력이 떨어지는 등 적지 않은

---

20) 최근의 여론조사에 의하면 국민의 53%가 예전보다 대학진학의 필요성이 낮아졌다고 답하고 있다. 그 이유로서는 대학을 졸업해도 취업이 불투명할 뿐만 아니라, 국내 대학들의 경쟁력이 높지 않다는 인식 때문인 것으로 나타나고 있다. 『중앙일보』, 2018년 10월 31일.

21) 임동영, "대학인으로서 수업예절 필요", 『연세춘추』, 2000년 4월 17일.

문제점들이 나타나고 있다. 이것은 중·고등학교의 교실이 아니라 대학 강의실에서 실제로 일어나고 있는 모습이다. 강의실에 앉아 있기는 하지만 강의를 제대로 듣지 않고 엎드려 자거나 잡담하는 학생들이 왜 대학을 다녀야 하는지 묻지 않을 수 없다.

만약 대학을 보낸 부모들이 자신의 자녀만은 절대로 그렇지 않을 것이라고 생각한다면 커다란 오산이다. '군사부일체(君師父一體)'이니 교수도 부모의 입장에서 애정을 가지고 교육에 임하려고 하면 학생들은 시대착오적이라는 반응이다. 중·고등학교의 교실에서 보낸 습성이 몸에 배어 있으니 수업예절교육은 '마이동풍(馬耳東風)'이다. 때문에 교수들은 못 본 체 지나가는 것이 편한데, 나 같은 교수는 그냥 보고 넘어가지 않으니 학생들에게는 '별난 교수'가 될 수밖에 없다. 물론 학생들의 수업집중도가 떨어지는 데에는 교수의 강의방식이나 강의내용과도 관계가 없는 것은 아니다. 학생들의 관심을 유도하기 위해 교수가 코미디언이나 연예인 흉내를 낼 수는 없는 일이지만, 엘리트 대학시대가 아니라 대중화된 대학시대에 걸맞은 교수법을 연구, 적용함으로써 강의효과를 제고해야 하는 책임은 교수들에게 있다.

요컨대 현재 우리나라의 대학은 양적으로 급속히 팽창하였으나 그에 걸맞게 질적 성장과 '대학 특성화'[22)를 이룩하지 못한

---

22) 우리나라의 대학들은 설립목적이나 조직, 운영체제 등이 대체로 비슷하여 극히 일부 대학들을 제외한다면 차별성이 거의 존재하지 않는다. 지난 수십 년 동안 정부의 대규모 재정투입이 이루어진 '대학 특성화사업'에도 불구하고 여전히 백화점식 종합대학의 성격에는 변화가 없다. 그 결과 우리나라에서 '대학 경쟁력'이란 '수평

채 대학의 이념과 정체성을 상실하고 있다. 외적으로는 학령인구의 급속한 감소와 고도 지능정보사회의 도전을 받고 있으며, 내적으로는 대학 구성원들의 적지 않은 문제점들로 인하여 존폐의 위기를 맞고 있는 것이다. 장기적인 발전전략은 고사하고 교육부의 대학평가지표에 맞추다 보니 대학의 이상과 본연의 사명은 생각할 여유가 없이 생존 자체에 급급한 '하루살이와 같은 존재'가 되고 말았다. 그 결과 이미 적지 않은 대학들이 폐교되었으며, 머지않은 장래에 더 많은 대학들이 소멸 또는 생존이라는 두 가지의 가능성 가운데 어느 하나로 결말이 나게 될 것이다. 소멸하는 대학은 질적 성장과 환경 변화에 제대로 대처를 못한 결과일 것이고, 생존하는 대학은 대학이 추구하는 이념과 정체성을 지키면서도 환경의 변화와 도전에 잘 적응한 결과일 것이다.

교수의 위기: "교수와 잡상인 출입금지"

교수가 어쩌다가 '잡상인' 취급을 받게 되었나? 신입생 모집이 어려워지자 대학교수들이 직접 고등학교를 돌아다니면서 진학부장이나 3학년 교사들과 접촉하게 되었고, 이를 막기 위하여 고등학교 교무실에는 '교수와 잡상인 출입금지'라는 실제로 팻말이 붙여졌다는 웃지 못할 일이 벌어지고 있다.

적 차원의 특화'에 있는 것이 아니라, 단지 '수직적 차원의 서열'을 의미하고 있을 뿐이다.

대학의 위기는 연구와 교육에 몰두해야 할 교수들에게도 위기의 고통분담을 요구하고 있는 것이다. 신입생 모집이 여의치 않은 지방대학은 말할 것도 없고 심지어 서울에 소재하고 있는 대학까지도 구조개혁과 교수들의 고통분담을 요구하고 있는 정도로 위기는 심각하다.[23] 또한 일부 대학에서는 입학처의 정상적인 홍보활동으로는 충원이 쉽지 않게 되자 대학본부가 그 책임을 각 학과에 전가하고 있다. 대학의 재단과 총장은 위기 극복의 방법으로 이른바 '각자도생(各自圖生)의 전략'[24]을 쓰고 있는 것이다. 일정한 구조개혁의 기준, 예를 들면 신입생 충원율, 재학생 탈락률, 취업률, 학과만족도 등을 평가하여 모집중지를 하겠다고 압박함으로써 각 학과의 교수들은 스스로 생존전략을 강구하지 않을 수 없게 되었다.

이처럼 위기에 내몰린 교수들은 자존심과 도덕적 정당성을 생각할 겨를도 없이 장사꾼들의 '비즈니스 마인드(business mind)'를 배우기에 바쁘다. 신입생 충원의 위기에 내몰린 학과의 교수들일수록 혈연·지연·학연 등을 총동원해서 고등학교의 교사와 인맥 구축에 나서게 되고, 수시로 그들과 접촉하거나 학교 방문을 통해서 신입생 확보에 노력한다. 교수들이 자신의 생존

---

23) 최근 서울에 있는 S여대의 경우 11개 단과대학을 절반으로 줄이는 한편, 교직원의 월급을 10% 깎는 '미래발전계획안'을 내놓아서 교수들이 크게 동요하고 있다. 『조선일보』, 2018년 10월 2일.

24) 일부 대학에서는 신입생 충원율에 따라서 학과별 교수의 월급이 다르고, 심지어 1년에 두 번밖에 월급을 받지 못하는 교수도 있었으며, 총장이 연구실로 전화를 해서 "왜 늦은 시각 학교에 있느냐, 빨리 집에 가라"고 하였다는 교수의 증언이 있을 정도이다. 구체적 내용은 『조선일보』, 2018년 8월 30일 참조.

을 위하여 '영업사원(?)'이 되어서 고등학교를 방문하여 진학담당교사, 고3 담임교사 및 수험생들을 대상으로 직접 영업활동을 하는 대학들이 늘어나고 있다.

이뿐만 아니라 재학생들의 타 대학 편입 등 중도이탈도 심각한 수준에 이르고 있다. 경쟁력이 약한 대학이나 학과일수록 재학생들의 타 대학 편입 및 자퇴 등이 많기 때문에 이러한 대학은 재학생 이탈을 막기 위하여 차마 입에 담기 어려운 비교육적인 접근을 하는 경우도 있다고 한다. 이처럼 '대학답지 못한 대학에서 교수답지 못한 일들'을 하면서 오직 생존만을 위해 살아가는 교수들의 마음은 참담하다.

이러한 교수들의 약점을 잘 알고 있는 대학 당국은 이른바 '구조개혁'이라는 수단을 가지고 교수들을 통제하는 경우가 더욱 늘어나고 있어서 교수들은 생존에 전전긍긍하다가 보니 품위를 지키기가 어려워지고 있다. 교수들에게는 자기 전공학문의 생존이 걸려 있는 문제이니 대학당국이나 재단의 요구를 거절하기 어려워 비굴해지는 경우도 없지 않다. 신입생 충원 및 대학의 경쟁력 제고와 교육부의 재정지원사업에 선정되기 위하여 교수평가·학생취업·대학구조개혁 등으로 과거보다 훨씬 더 힘든 시간을 보내고 있는 것이 사실이다. 교수라는 직업은 철밥통이며 '한번 교수는 영원한 교수'라는 시대가 이제 서서히 막을 내리고 있는 것이다.

이처럼 교수직의 미래가 어둡기 때문에 교수들의 스트레스도 점차 가중되고 있다. 교수신문이 발표한 '2018 대학교수 인식도 조사' 결과를 보면 '직업의 미래를 낙관적으로 전망하는가?'라는 질문에 '그렇지 않다'는 응답이 36%나 되었다. 또한 '행정업무에 대한 스트레스'가 2008년도의 3%에서 2018년에는 24%로 8배나 뛰었다.[25] 이는 교수들이 대학구조개혁 평가나 신입생 충원과정에서 받고 있는 압박이 상당하다는 것을 말해주고 있다. 보도에 의하면 현재 진행되고 있는 대학 구조개혁의 결과로 2023년까지 대학교수 자리가 1만 개 사라질 것으로 예상하고 있다.[26] 결국 대학의 위기는 바로 교수의 위기로 이어지고 있으며, 교수들이 연구와 교육이라는 본연의 책무에 충실하지 못하게 됨으로써 대학의 위기를 더욱 심화시키는 악순환이 계속되고 있다.

학생이 '갑', 교수는 '을'

K대학을 방문했을 때 만난 Y교수는 요즘 대학들에서 제기되고 있는 많은 문제점 가운데 하나는 "교수와 학생의 관계에 있어서 교수가 '갑'이 아니라 학생이 '갑'이라는 사실에 있다"고 한탄하였다. 우리나라 대학에서는 '교수가 갑질을 하는 것이 아니라 학생이 갑질'을 하고 있다는 것이었다. 다시 말해서 교수의 '생살여탈권(生殺與奪權)'을 학생이 쥐고 있으니 교수의 교육과 학생지도는 본연의 목적에 충실하지 못하고 점점 더 형

---

25) 『교수신문』, 2018년 4월 17일.
26) 최성욱, "2023년까지 대학교수 TO 1만 개 사라진다", 『교수신문』, 2015년 5월 26일.

식화되어간다는 것이다. Y교수의 주장은 잘못된 대학분위기를 빗대어 말한 것이었지만 전혀 근거 없는 주장은 아니었다.

　Y교수가 주장하는 내용의 골자는 이렇다. 요즘 대학에서는 교양필수과목을 제외하면 전공학과에서는 복수전공이나 융복합전공을 원활하게 한다는 취지에서 전공필수과목이 거의 없으며 대부분이 선택과목이다. 따라서 학생들의 수강신청인원이 대학에서 정해놓은 인원을 넘지 못하면 자동 폐강되어 담당교수는 책임시수를 채우지 못하게 된다. 또한 학생들은 교수의 강의를 평가하여 점수를 매기는 평가자의 입장에 있기도 하다. 책임시수를 채우지 못하거나 강의 평가의 결과가 나쁘게 나오면 당해 연도의 월급이 삭감될 수 있으며, 매년 평가하는 연봉제에서도 불이익을 받게 된다.

　바로 이러한 이유 때문에 교수는 학생과의 관계에서 약자인 '을'의 입장에 서게 되며 학생들의 눈치를 보지 않을 수 없게 되었다는 것이다. 이러한 현상은 고등교육이 일반화되면서 거의 모든 대학에서 일어나고 있는 보편적 현상이지만, 학력수준이 떨어지는 대학 또는 학과의 학생들일수록 더욱 두드러지게 나타나고 있다. 이러한 학생들이 어떠한 교수의 교과목을 수강할 것인가를 예상하는 것은 어렵지 않다. 출석을 엄격하게 체크하는 교수보다는 그렇게 하지 않은 교수, 발표를 해야 하는 수업보다는 그렇지 않은 수업, 과제를 많이 부과하는 수업보다는 그렇지 않은 수업, 성적을 잘 주는 교수, 예능인처럼 흥미위주로 수업을 하는 교수, 수업 중에 들락날락해도 전혀 상관하

지 않는 교수 등 학생들의 입장에서는 부담 없이 학점을 받을
수 있는 교수의 교과목을 수강할 가능성이 높은 것이다.

　물론 교수의 철저한 수업준비와 열정적인 강의가 학생들에게
좋은 평가를 받는 것이 사실이다. 게다가 교수와 학생관계를
'갑을관계'에 비유하는 것은 적절하지 못한 점도 있다. 학생들
에 의한 갑질이 일어나지 않도록 가르치고 지도하는 것이 교수
의 책무임은 두말할 필요가 없다. 그럼에도 불구하고 오늘의
대학교수들이 학생들에게 할 말을 제대로 하지 못하고 '벙어리
냉가슴 앓듯이 끙끙거리고 있는 것'은 무엇 때문인지를 스스로
반성해볼 필요가 있다. 만약 교수가 수강신청이나 강의평가와
관련하여 학생들의 인기에 영합하는 '교육 포퓰리스트'가 된다
면 이미 그는 교수이기를 포기한 사람이며, 그러한 교수에게서
교육받는 학생들의 미래는 암담할 수밖에 없다.

그럼에도 불구하고 '교수의 길'을

　이상의 논의를 통해서 알 수 있듯이 오늘날의 대학을 대학답
지 못하게 만들고, 교수를 교수답지 못하게 만드는 위기의 요
인들은 한두 가지가 아니다. 그럼에도 불구하고 교수는 교육자
이기 때문에 이러한 상황을 핑계로 자신의 비이성적이고 비굴
한 행동을 정당화할 수는 없다. 오히려 역설적이지만 그러한
'위기에 처해 있기 때문에 더욱더 교수로서의 정도'를 갈 수
있어야 한다. '대학의 위기'가 '교수의 위기'를 초래할 수 있지

만, 반대로 '교수의 위기'가 오히려 '대학의 위기'를 더욱 가속
화할 수 있음을 간과해서는 안 된다. 교육자인 교수가 좌고우면
(左顧右眄)하는 '정치꾼'이나 '장사꾼'이 될 수는 없는 일이다.

사실상 어려운 대학의 환경에도 불구하고 교수의 업무는 일
반 직장인들의 그것과 비교해볼 때 업무 강도가 상대적으로 약
하다. 대부분의 대학에서 교수가 주당 의무적으로 강의해야 하
는 책임시수가 9시간이고 그 이상 담당하게 되면 초과강의료
를 지급받는다. 또한 여름과 겨울에 각각 2개월이 넘는 긴 방
학이 있어서 자유롭게 국내외 학술회의에 참가하거나 관심 있
는 분야의 연구에 몰두할 수 있는 시간을 가질 수 있다. 또한
자기만의 개인연구실에서 아무런 간섭을 받지 않고 하고 싶은
분야의 연구를 할 수 있는 특혜를 누린다.

사회학자인 전상인 교수는 한국 대학의 구조적 특성과 문제
점은 확고한 대학이념이나 교육철학을 결여한 상태에서 정치
적, 상업적 목적으로 대학이 설립된 데서 비롯되고 있다고 보
았다. 특히 '교육개혁의 대상이 돼야 할 교육정책 당국이 오히
려 개혁의 주체로 등장하는 아이러니'는 대학 스스로가 상아탑
정신 혹은 대학이념을 정립하는 데 실패하였기 때문이라고 보
았다. 그 결과 우리나라에는 "대학 비슷한 곳에서 교수 비슷한
사람들이 학생 비슷한 이들을 가르치며 연구 비슷한 것을 하고
있을 뿐"[27]이라고 자조적인 비판을 한 바 있다. 때문에 우리나

---

27) 『교수신문』, 2002년 12월 7일.

라 대학에 필요한 것은 '대학 바꾸기'가 아니라 '대학 만들기'라고 강조한다.

이미 오래전 어떤 대학의 교수는 영화 '바보들의 행진'에 빗대어 '교수들의 행진'[28]이라는 풍자소설을 통하여 교수사회의 타락상을 적나라하게 고발한 바 있다. 정치인 못지않은 권모술수와 속물근성, 타성적 권위주의와 허위의식, 돈의 노예가 된 비리교수, 거미줄처럼 얽히고설킨 대학인맥사회의 병폐 등을 사실적으로 묘사하고 있다. 저자는 아마도 이 소설을 통하여 상아탑 속에 갇혀서 안주하려는 이 시대의 비틀린 지성들에게 반면교사(反面教師)의 가르침을 주고자 했을 것이라고 생각된다.

이처럼 위기의 대학이라는 불황 속에서 '영혼이 없는 기계적 지식인'으로서 자신의 이익에만 급급하고 있는 교수들의 모습이 우리를 슬프게 한다. 오늘날 교수들의 모습을 송호근 교수는 다음과 같이 말한다.

> "대학의 지성은 오래전에 소멸했다. 지성이라 할 것까지도 없다. 점점 높아지는 테뉴어(tenure) 문턱 앞에서 세상 현안에 왈가왈부 훈수를 두거나 시대적 화두를 고심하기보다 논문 생산자가 되는 것이 현명하다. 거대 담론의 시대는 이미 가버렸기 때문에 미시 담론, 미시 쟁점을 파고드는 소총수가 대학마다 그득한 게 오늘의 모습이다."[29]

이상의 논의에서 알 수 있는 것처럼 대학교수의 위기는 학령

---

28) 민현기, 『교수들의 행진』, 서울: 문학과 사상사, 1996.
29) 송호근, "감동을 찾아서", 『중앙일보』, 2016년 8월 9일.

인구의 감소라는 구조적 요인에만 있는 것이 아니다. 오히려 그보다 더 큰 위기의 요인이 연구자이자 교육자, 그리고 사회 봉사자인 교수가 본연의 책임과 역할을 제대로 수행하지 못하고 있다는 사실에 있는 것이다. 교수신문의 조사에 따르면 "지식인의 죽음, 대학이 죽었다고 하는 일부 사회적 시선에 대해서 어떻게 생각하느냐?"라는 질문에 대해서 70.2%의 교수들이 '그런 편이다' 또는 '매우 그렇다'라고 대답하였다.[30] 이처럼 지식인으로서 사회정의를 선도해야 할 '교수가 오늘날 병들어 가고 있다는 사실이 바로 가장 큰 교수의 위기'인 것이다. 따라서 교수사회의 위기 극복은 그들을 둘러싸고 있는 대내외적 환경에 달려 있는 것이 아니라, 본연의 책임과 의무를 다하고자 하는 교수들의 의지와 노력에 달려 있는 것이다. 지식인이라는 교수가 돈과 권력 앞에 허무하게 무너질 것이 아니라 국가의 백년대계를 책임지게 될 2세들을 길러내고 있다는 자부심과 긍지를 가지고 사회공동체를 선도해야 할 것이다.

---

30) 『교수신문』, 2017년 4월 17일.

1. 작은 천국, 교수연구실

교수에게는 다른 직업에서 보기 힘든 특별한 공간, 즉 교수마다 개인 연구실이 제공된다. 교수는 이 연구실에서 한평생을 보낸다고 해도 과언이 아니다. 교수연구실에는 주인의 허락 없이 어느 누구도 들어올 수 없다. 따라서 교수는 아무런 방해를 받지 않고 자신이 하고 싶은 연구를 하며, 읽고 싶은 책을 읽고, 쓰고 싶은 글을 쓸 수 있다. 아주 조용한 자기만의 공간에서 사색에 잠겨 '마음 여행'을 자유로이 할 수가 있으니 이것이 바로 '천국'이 아니고 무엇인가?

그렇다면 교수에게 이러한 특혜를 제공하는 이유가 무엇인

가. 그것은 두말할 필요 없이 아무런 방해도 받지 않고 연구실에서 전공분야에 대한 연구와 학생들에 대한 강의 준비에 전념하라는 것이다. 연구는 학자의 생명이기 때문인데, 교수는 강의가 없는 대부분의 시간을 연구에 투자한다. 한 주에 강의를 해야 하는 책임시수가 9시간 정도로 제한되어 있으며, 여름방학과 겨울방학을 합쳐 약 5개월의 긴 방학기간도 모두 연구를 위한 시간이다. 만약 교수라는 직업의 특수성을 잘 모르는 사람들이 단순히 강의하는 시간을 '근로시간 9시간'이라고 생각한다면 이른바 '신의 직장'이라고 할 것이다.

그러나 교수직은 그 특성상 강의시간보다 연구시간이 더욱 중요하다. 바로 이러한 이유 때문에 개인 연구실을 제공하는 것이다. 교수 연구실을 '작은 천국'이라고 하는 이유는 어느 누구의 간섭도 받지 않고 사색하면서 자신의 관심분야를 연구할 수 있기 때문이다. 교수의 연구에 대한 열정은 전공학문의 발전과 정부나 기업에 대한 정책적·실용적 기여는 물론이고, 학생들에 대한 훌륭한 강의를 위한 필수적 전제조건이다. 대학에서는 도시락을 두 개씩이나 준비해서 밤늦도록 연구하는 교수들을 볼 수 있는 경우가 적지 않다. 따라서 대부분의 교수들은 가정에서 보내는 시간보다 훨씬 더 많은 시간을 자신의 연구실에서 생활하고 있는 것이다.

교수들은 개인 연구실에서 논문 발표를 준비하거나 학술서의 발간을 위해 집필을 계속한다. 보통 저서는 수년에 걸쳐서 일관성 있게 천착(穿鑿)함으로써 세상에 빛을 보게 되는 경우가 대부분이며, 학술논문 또한 하나의 문제에 대한 지속적 연구의 결실이라는 점에서 유사하다. 학술논문의 경우에는 국내외 전문학술지에 게재되어야 제대로 인정받을 수 있기 때문에 교수들의 스트레스는 적지 않다. 대체로 전문학술지들은 엄격한 심사절차를 가지고 있기 때문에 제출된 논문이 심사에서 탈락하는 경우가 많다. 권위 있는 국제학술지와 국내학술지의 탈락률은 50%를 넘어서고 있으니 심사에 통과하기가 결코 쉽지 않다. 각 대학에서는 신임교수의 채용과 재직교수의 승진에 있어서 학술논문의 양과 질을 모두 평가하고 있기 때문에 연구의 중요성은 아무리 강조해도 지나치지 않다고 하겠다.

나는 교수연구실을 생각하면 잊을 수 없는 한 사람의 '선비와 같은 교수'가 있다. 내가 신임교수로서 첫출발을 한 1981년 당시 부산교육대학교는 연구실이 부족하여 교수연구동을 신축 중에 있었다. 따라서 연구동이 완공될 때까지 6개월 동안은 학과의 제일 원로교수인 백강(白岡) 이종호(李鍾浩) 교수님의 연구실을 함께 사용하게 되었다. 이 기간 동안 연구실을 함께했던 새내기 교수의 경험은 후일 교육자로서 바람직한 삶을 살아가는 데 커다란 밑거름이 되었음은 물론이다.

도덕교육의 권위자이신 백강 선생님은 당신의 연구가 실천행동으로 나타나는 '올곧은 선비'의 전형이었다. 강의가 없는 시간에는 언제나 연구실에서 책을 읽거나 글을 쓰는 등 연구와 강의준비에 몰두하였다. 연구하는 대부분의 서적들은 영어나 일본어로 되어 있었으며, 일단 한번 책상에 앉으면 서너 시간은 요지부동이었다. 나는 잠시 휴식을 취하러 휴게실에 다녀오기도 하는데 백강 선생님은 자세 하나 바뀌지 않았다. 가끔은 연구실에서 함께 차를 마시기도 하였는데, 이 시간에는 어김없이 모범적인 교수란 어떤 사람인지, 교수는 무엇으로 살아야 하는지를 조언해주는 등 새내기 교수가 가야 할 항로(航路)를 밝혀주는 등대와 같은 역할을 해주었다. 아마도 내가 38년 동안 정치권력의 유혹에 빠지지 않고 교육자의 보람을 찾으면서 행복한 교수생활을 할 수 있었던 것도 모두가 '청죽(靑竹) 같은 삶을 사신 백강 선생님'의 가르침 덕분이었다고 생각한다.

2. 교수의 연구와 학술활동

교수의 일상은 연구

교수의 3대 책무라고 하면 연구·교육·봉사를 말한다. 대학의 교수업적평가규정을 보면 대학의 특성, 즉 연구중심대학인가 교육중심대학인가에 따라서 영역별 가중치가 다르기는 하지만 모든 대학이 공통적으로 중시하고 있는 영역은 연구영역이다. 왜냐하면 학생에 대한 양질의 교육도 충분한 연구가 전제되어야 하고, 전문지식을 토대로 한 의미 있는 사회봉사활동 역시 깊이 있는 연구가 전제되지 않으면 안 되기 때문이다.

이러한 이유 때문에 교수에게는 그들만의 '작은 천국'이라고 할 수 있는 교수 개인별 연구실이 제공된다. 특별한 일정이 없는 한 대부분의 교수들은 강의 유무에 관계없이 아침에 출근하여 저녁에 퇴근할 때까지 연구실에서 보낸다. 만약 연구프로젝트가 있어서 연구시간이 촉박한 경우에는 도시락을 두 개씩 준비해서 밤늦게까지 연구실을 지키기도 한다. 물론 방학기간이라고 해서 연구실을 비우는 경우는 별로 없다. 이처럼 대부분의 교수들은 자신의 집보다도 훨씬 더 많은 시간을 연구실에서 보내고 있다. 물론 연구실에서의 시간이 부족할 때에는 퇴근후 자택 서재에서도 연구를 계속할 수밖에 없는 경우가 적지 않다.

이 같은 사정을 잘 모르는 사람들은 교수들은 주당 9시간의 강의만 하면 되고, 1년에 5개월이나 되는 긴 방학이 있으니 그냥 '놀고먹는 직업'이라고 생각할 수도 있다. 만약 아직도 그런 교수가 있다면 이제는 더 이상 대학에서 살아남을 수가 없다. 나도 오래전에 일단 교수가 되면 놀고먹던 시절이 있었다는 얘기를 들은 적이 있지만, 지금은 'TV 전설의 고향'에나 나올 수 있는 얘기다. 대부분의 대학에서는 연구업적과 연봉제가 연동되어 있을 뿐만 아니라, 승진심사에서도 가장 중요한 비중을 차지하고 있기 때문에 교수들은 연구업적의 산출에 소홀히 할 수가 없다. 연구업적이 부실한 교수는 승진 자체가 불가능할 뿐만 아니라 연봉에서도 불이익을 받기 때문에 연구에 정진하지 못하는 교수들은 정년을 많이 남겨놓고도 미리 명예퇴직을 하는 경우도 없지 않다.

따라서 교수에게 있어서 연구의 중요성은 아무리 강조해도 지나치지 않다. 강의시간에 맞추어서 출근하고 강의가 끝나면 바로 퇴근하는 교수들에게는 연구실을 제공할 필요가 없다. 이들은 연구실이 없어서 강의시간에 맞추어서 강의하러 나오는 외래교수(시간강사)와 별로 차이가 없기 때문이다. 교수는 강의가 있으나 없으나 연구실에 출근하여 자신의 관심분야에 대한 연구를 즐겁게 할 수 있어야 한다. 날씨가 덥거나 춥거나 관계없이 그리고 학기 중이건 방학이건 관계없이 특별한 사정이 없는 한 교수가 있어야 할 자리는 바로 연구실이며, 여기에서 교수들은 자신의 전공 학문을 발전시켜 나간다.

연구발표와 연구업적 평가제도

교수의 연구는 그 결과가 학계와 사회에 발표되었을 때 비로소 가치를 인정받게 된다. 연구결과의 발표 형태는 음악·무용·미술과 같은 예술의 경우에는 작품전시회나 발표회로서 평가받는 경우도 있지만, 대부분의 학문분야에서는 교수의 연구논문은 관련 학회의 편집위원회 심사를 거쳐서 게재하거나 아니면 저서의 형태로 출판된다.

이렇게 출판된 학술논문에 대한 평가기준은 각 대학마다 다르지만 대체로 SCI 또는 SSCI급 최우수 국제학술지, 일반 국제학술지, 한국연구재단 등재지, 한국연구재단 등재후보지, 일반 국내학술지 등으로 구분하여 평점을 차등화하고 있다. 저서의 경우도 논문에 준하여 국제 또는 국내출판으로 차등을 두고 평가를 하고 있는 것이 일반적이다.

이러한 평가는 교수의 재임용 및 승진 심사에 활용될 뿐만 아니라 성과연봉제에도 적용된다는 점에서 교수들은 평가기준의 공정성 문제에 매우 민감한 반응을 보인다. 특히 평가기준이 매우 엄격하고 연구업적의 영향력이 큰 대학일수록 교수들의 관심은 클 수밖에 없다. 연구업적평가에 있어서 논쟁의 초점은 인문사회계·자연계·예체능계 등 학문분야별 연구업적 평가를 어떻게 할 것인지, 국제학술지와 국내학술지 및 저서와 논문의 점수 편차를 어느 정도 둘 것인지, 승진과 연봉 심사에서 연구업적을 교수별로 절대평가를 할 것인지 아니면 상대평가를 할 것인지 등이 핵심을 이루고 있다.

그동안 교수의 연구업적에 대한 평가는 시행착오를 거치면서 많이 수정과 보완을 통하여 개선되어 왔다. 그럼에도 우리나라 대학의 연구업적 평가제도는 여전히 적지 않은 문제점을 가지고 있다. 우선 무엇보다 먼저 지적할 수 있는 것은 각 대학의 연구업적 평가제도가 교육부의 대학평가에 유리하도록 설계되어 있다는 점이다. 대부분의 대학에서는 교육부의 재정지원사업에 선정되기 위하여 교수들이 많은 연구실적을 생산하도록 평가기준을 제도화하고 있다. 여기서 문제는 교육부의 연구실적에 대한 평가는 '연구의 질을 측정하는 것이 아니라 연구실적의 양을 측정'한다는 데 있다.

이러한 이유로 각 대학에서는 교육부의 평가를 고려하여 연구업적평가를 실시함으로써 교수들에게 많은 양의 연구실적을 내도록 독려하고 있다. 이렇게 되면 교수들이 하나의 문제를 시간을 두고 천착하여 노벨상을 수상할 수 있을 정도의 세계적 학술연구는 기대하기 어렵다. 또한 교수연봉제에서 연구업적은 1년 단위로 평가받을 뿐만 아니라, 평가에서 유리한 것은 '질이 아니라 양'이기 때문에 교수들은 '논문생산기계'로 전락하게 된다.

한편 대학에서 실시되고 있는 연구업적 평가제도는 교수들에 대한 통제 수단이 되고 있다는 점도 문제이다. 일부 대학에서는 연구실적이 부족하다는 이유로 승진이나 정년보장을 보류하는 등 불이익을 주면서 교수 신분을 위협하고 있다. 더욱이 어떤 대학에서는 승진과 정년보장 심사에서 대상자 전체의 상대 평가를 통하여 선정하고 있기 때문에 어느 정도의 연구실적을 갖추어야 하는지 전혀 알 수가 없는 경우도 있다. 학문분야별 특성이나 연구의 질은 고려하지 않고 오직 승진과 정년보장의 대상자 전체에 대한 양적 점수로 경쟁을 유도하는 대학에서 훌륭한 연구가 나올 리는 만무하다. 이처럼 교수의 신분 자체가 위협받는 상황이 되면 학자로서의 교수는 그 본연의 길을 갈 수 없게 된다.

학문공동체로서의 학회활동

교수는 학문공동체라는 학회의 일원으로 활동함으로써 자신의 전공학문을 더욱 심화, 발전시켜 나간다. 나의 경우를 말한다면 학문적 차원의 전공분야는 국제정치학, 그중에서도 특히 동아시아지역의 국제관계와 아세안(ASEAN: Association of Southeast Asian Nations)이었다. 이러한 나의 관심은 마침내 1991년 한국동남아학회의 창립멤버로 참여하게 되었다.

학회의 창립 이후 매년 정기적으로 개최되는 국내 및 국제학술회의에 참여하는 한편 1999년에는 대구학술회의 준비위원장을 맡아서 1박 2일 동안 대규모학술회의를 집행하였다. 또한 2000년에는 태국의 왕립 출라롱코른대학(Chulalongkorn University)에서 개최된 한-아세안 국제학술회의에 참가하여 동남아학자들과 벌인 열띤 토론은 지금도 기억에 생생하다. 나의 연구대상이 되고 있는 ASEAN 국가들에 대한 학술교류 및 개인적 연구목적으로 모든 동남아국가들을 방문하였는데, 특히 내가 가장 관심이 많았던 선진 도시국가, 싱가포르에는 10여 차례나 다녀올 만큼 짝사랑(?) 하였다.

이와 함께 나는 국제정치학 전공자로서 관련분야의 학회활동에도 적극적으로 참여하였다. 한국국제정치학회의 부회장과 편집이사 및 감사를 맡아 지속적으로 학회활동을 하였으며, 동아시아국제정치학회의 초대회장을 맡아서 학회지 '국제정치연구'를 처음으로 발간하였다. 이렇게 출발한 학술논문집 '국제정치연구'가 현재는 한국연구재단의 '등재학술지'로서 학회의 위상을 확고히 갖게 되었다는 것도 학자로서 큰 보람이었다.

또한 대한정치학회의 회장직을 맡아서도 통일연구원, 민주평화통일자문회의, 대구광역시 등과 공동으로 대규모 학술회의를 개최함으로써 정치학자들 간의 학문적 교류와 심화에 노력하였다. 호남지역이 중심이 된 전국학회인 한국동북아학회에도 창립멤버로 참여하였고, 이후 20여 년간 학회의 부회장으로서 학회의 학술활동에 참여하였다. 그 밖에도 한국정치정보학회의 고문으로 현재까지 활동하고 있으며, 한국정치학회, 한국통일전략학회, 21세기정치학회, 한국민족사상학회 등에도 연구이사, 상임이사 등으로 활동하였다.

한편 재직하고 있는 대학에서는 사회과학연구소장과 법정연구소장을 맡아서 외부 학회 또는 정부기관과 협력하여 대규모 학술회의를 개최하는 한편, 학술연구지를 정기적으로 발간하였다. 대학연구소 운영의 재정적 어려움을 극복하면서 학술활동을 활성화시키기 위하여 중앙정부나 지방정부와의 협력에 노력한 결과 그들과 공동으로 대규모 학술회의를 하거나 그들의 재정적 후원을 통하여 학술세미나를 개최하는 등 학내 교수들의 학술활동을 지원하였다.

이처럼 대부분의 교수들은 학문공동체인 전공 학회의 일원으로 참여함으로써 자신의 학문을 더욱 발전시켜 나간다. 최근에는 학회가 전공별로 더욱 세분화되고, 지방에도 전국 규모의 학회들이 많이 창립됨으로써 예전과 같은 학술적 친목의 분위기는 아니지만 오히려 학술연구의 추세는 세부전공별로 더욱 내실화되어 가고 있다.

대학교수의 특혜: 연구년 제도

대학교수직에만 있는 특혜 가운데 하나가 바로 '연구년 제도'이다. 각 대학마다 연구년을 받을 수 있는 기준은 다르지만 대체로 5~7년마다 1년 정도의 기간을 두고 국내나 해외에서 자유롭게 연구할 수 있는 기회를 가지는 것이다. 연구년 기간 동안에는 강의나 학생지도가 없기 때문에 자유롭게 연구에만 몰두할 수 있다. 이 기간 동안에도 봉급을 정상적으로 받게 되는 것은 물론이고, 대학에 따라서는 해외대학으로 연구년을 갈 경우에 왕복여비와 체제비의 일부도 지원해주고 있다.

물론 연구년을 활용하기 위해서는 신청자격을 갖춘 교수들을 대상으로 한 심사에 통과해야 하기 때문에 신청한다고 해서 모두가 선정되는 것은 아니지만 대부분의 교수들은 재직기간 동안 7~8년마다 1회의 연구년을 하게 되는 것이 보통이다. 다른 직장에서는 상상하기 어려운 개인적인 자기발전의 기회이기 때문에 연구년 제도는 교수직이 갖는 또 하나의 특혜라고 할 수 있다.

이처럼 교수들의 연구년 제도는 단순한 휴가가 아니라 연구를 위한 재충전의 기회를 제공하는 데 그 의의가 있다. 따라서 평소에 시간적 여유가 없어서 하지 못했던 주제를 연구하거나 선진 학자들과의 교류를 통하여 연구의 질적 심화를 모색한다. 이를 위하여 교수들은 해외대학에서 연구년을 보내거나 아니면 국내의 관련 연구기관에서 연구하기도 한다. 그 어느 경우에도 연구년의 취지에 맞게 시간을 활용해야 함은 물론이고, 그 결과는 연구년 종료 후에 대학에 보고하도록 요구하고 있다. 말하자면 연구년의 취지에 맞게 연구를 목적으로 활동한다면 국내외를 가릴 것 없이 자유로운 활동이 보장되는 제도라고 할 수 있다.

나의 경우에도 재직기간 동안 모두 3회의 연구년을 가질 수 있었는데, 두 차례는 강의가 전혀 없는 연구년을 가졌고, 정년을 앞두고 있는 마지막 한 차례는 1년 동안 1개 강좌만 강의하는 제도를 활용하였다. 최초의 연구년은 대학에서 제공하는 해외대학 파견연구비제도에 의해서 왕복항공료와 체제비의 일부를 지원받아서 미국의 USC(University of Southern California)

에서 연구하였다.

국제정치학을 전공하고 있는 학자로서 국제정치학 분야에서 세계 최고 수준에 있는 USC대학에서의 연구년은 참으로 많은 것을 경험할 수 있는 좋은 기회였다. 저명한 교수들과의 학문적 교류와 수시로 열리는 국제학술세미나 참석은 물론이고, 부족할 것 없이 잘 갖추어진 도서관을 활용할 수 있었던 것도 커다란 즐거움이었다. 점심시간에는 교수나 유학생들과 어울려 함께 식당을 이용하거나 캠퍼스의 잔디밭에서 도시락을 먹기도 하였다. 겨울에도 춥지 않았던 아름답고 작은 도시 세리토스(Cerritos)에서 USC까지 승용차로 매일 한 시간씩 왕복으로 출퇴근하는 것도 연구교수시절에 있었던 또 하나의 즐거움이었다.

USC대학에서는 연구교수 신분으로 강의가 없었기 때문에 미국 서부의 주요대학들, 즉 버클리대학교(University of California, Berkeley), 스탠퍼드대학교(Stanford University), UCLA(University of California, Los Angeles) 등은 물론이고, 동부지역의 명문대학들인 하버드(Harvard), 예일(Yale), MIT, 콜롬비아(Columbia), 브라운(Brown) 대학 등을 두루 방문하였던 장기여행은 나의 교수생활에서 매우 의미 있는 시간이었다. 게다가 동부지역의 대학들에는 한 번 더 방문할 기회가 있었는데, 당시 법학과 S교수가 동부지역의 대학에서 연구년 중이라서 함께 더 많은 대학들을 또다시 둘러볼 수 있었다. 또한 미국에서 가까운 캐나다와 맥시코를 여러 차례 여행할 기회도 있었는데, 특히 10월의 캐나다는 어디를 가나 온 세상이 붉은 단풍으로 덮여 있어 캐나다 국기에 단풍잎이 그려져 있는 이유를 실감하였다.

두 번째로 맞은 연구년은 나의 핵심적 연구관심사인 'ASEAN과 동남아시아 국가들'을 연구하기로 하고, 동남아 각국의 대학과 연구기관들을 방문하여 연구자료를 수집하는 한편, 국제기구인 아세안과 회원국들의 동향을 파악하는 데 역점을 두었다. 연구년 기간 동안 아세안 10개 회원국들을 모두 방문하였으며, 아세안 중앙사무국, 싱가포르의 국립싱가포르대학(NUS), 싱가포르경영대학(SMU), 싱가포르 동남아연구소(ISEAS), APEC(Asia Pacific Economic Cooperation) 중앙사무국, 태국의 출라롱코른(Chulalongkorn)대학 등을 방문하여 관계자들을 면담하고 연구자료를 수집하였다. 특히 싱가포르의 동남아연구소(ISEAS)는 세계최고 수준의 동남아 연구기관이기 때문에 이후에도 나는 수시로 싱가포르를 방문하였다. 또한 태국의 출라롱코른 대학은 이미 수년 전 한국동남아학회에서 주최한 '한-아세안 국제학술회의'에 참석한 적이 있었기 때문에 보다 친숙하게 연구자료를 수집할 수 있었다.

이처럼 나의 경험으로 볼 때 교수들에게 있어서 연구년은 매우 의미 있는 재충전 시간임에 틀림없다. 전공학문을 더욱 발전시키기 위하여 국내외의 전문가들과 교류하는 한편, 현지방문 및 조사를 통하여 연구자료를 축적하는 것은 교수들의 연구에 가장 절실한 것이기 때문이다. 이러한 교수들의 연구년 경험과 재충전은 다시 학생들의 강의에 활용됨으로써 그 빛을 더하게 된다.

3. 교수의 강의, 학생의 강의평가

명교수, 명강의

대학의 교수라는 신분에서 가장 중요한 것은 교육자로서의 교수이다. 물론 교수에게 연구의 중요성은 아무리 강조해도 지나치지 않을 것이지만, 학생이 없다면 교수의 존재 이유가 없다는 점에서 교육자로서 교수의 책무는 아무리 강조해도 지나치지 않을 것이다. 교수의 교육활동에는 담당 교과목에 대한 강의를 비롯하여 학생들의 대학생활, 졸업 후 진로와 관련하여 선험자로서의 다양한 학생지도 등을 포함하고 있다.

한때 대학에서는 '명교수란 강의시간에 5분 늦게 들어가고 5분 일찍 마치는 교수'라는 우스개가 있었다. 만약 요즈음 교수가 이런 강의를 하게 된다면 수강생들은 강의시간에는 좋아할지 모르지만 아마도 학기를 마칠 때쯤 작성하는 강의평가에서 '늦게 들어와서 일찍 강의를 마치는 불성실한 교수'라고 혹평을 하게 될 것이다. 이렇게 되면 어떤 대학에서 있었던 것처럼 총장이 해당 교수를 불러서 엄중경고를 하는 해프닝이 벌어질 수도 있다. 이를 두고 이미 오래전에 대학을 다녔던 사람들은 오늘날 대학은 낭만도 없고 사제관계가 너무 경직되고 살벌해졌다고 말하기도 한다.

물론 대학은 중·고등학교와 같이 기계적으로 움직이는 것이 반드시 좋은 것은 아니다. 그러나 강의시간을 제대로 지키지 않

는 것이 대학의 낭만이 될 수는 없으며, 그런 교수가 명교수가
아닌 것은 분명하다. 수강생들이 결석이나 지각을 하면 성적에
불이익을 주면서 정작 교수가 시간을 잘 지키지 않는다면 학생들
은 교수를 신뢰하지 않을 것이다. 더욱이 대학진학 중심의 답답
한 고등학교 수업에서 벗어나 해방감에 젖어 있는 신입생들은 자
칫 수업에 소홀할 수가 있기 때문에 교수의 엄격한 학사관리와
철저한 강의준비의 중요성은 아무리 강조해도 지나치지 않다.

　교수의 명강의는 달변(達辯), 즉 말만 그럴듯하게 잘한다고 되
는 것이 아니라 강의를 위한 많은 노력과 준비의 결과라는 사실
을 알아야 한다. 대학에서 교수의 강의는 '책임감 있는 수업'으로
서 결코 가벼운 업무가 아니다. 연구와 강의는 제로-섬(zero-sum)
게임에서 서로 경쟁하듯이 대치되는 요소가 아니다. 만약 국제
정치학자인 내가 시시각각으로 변화는 국제정치환경과 국가들의
외교전략을 지속적으로 추적해서 연구하고 이를 토대로 강의안
을 준비하지 않는다면 생동감 있는 사례를 들어가면서 강의하기
는 불가능할 것이다. 어떤 전공 학문이든지 변화와 발전은 필연
적인 현상이기 때문에 교수는 훌륭한 강의를 위하여 지속적인
연구를 게을리할 수가 없다. 또한 "강의는 주제에 대한 이해와
표현을 좀 더 명확히 할 수 있도록 도움을 준다는 점에서 연구
와 강의는 상호보완적"[1]인 측면이 있는 것이다.

　한편 과학기술의 발전은 교수법에서도 혁신적인 변화를 초래
하였다. 과거에는 상상할 수 없었던 온라인 수업이 이루어지고,

---

1) 윤재원(역), 앞의 책, p.125.

수업의 진행과정에서 스마트폰을 활용하기도 한다. 각 대학마다 온라인 강의지원시스템이 구축되어서 교수들은 이를 이용하여 수업계획서와 강의노트를 미리 올려놓고 온라인상에서 주제토론을 하거나 과제를 받기도 한다. 어떤 교과목의 경우에는 교수 개인의 강의가 아니라 관련 교수들에 의한 팀 티칭(Team Teaching)이 이루어지는가 하면, 하브루타(Havruta)와 같은 토의 및 토론수업, 플립드러닝(Flipped Learning) 교수법, 문제중심학습(Problem Based Learning)이나 프로젝트학습(Project Based Learning) 등이 활성화되고 있다. 이러한 교수법의 혁신은 앞으로도 계속될 것이기 때문에 교수들의 지속적인 관심과 노력이 요구되고 있다.

교수의 명강의는 수강생들이 강의내용을 잘 이해할 수 있도록 적절한 강의수준을 유지하는 것이 중요하다. 우리나라 고등교육은 엘리트교육으로부터 이미 대중교육이 된 지 오래다.[2) 대학교육의 대중화는 보다 많은 학생들에게 고등교육의 기회를 제공하지만, 과거 엘리트교육 시대에는 입학할 수 없었던 학생들이 대학에 진학하고 있음을 의미한다. 엘리트교육 시대에는 학생 스스로가 찾아서 공부할 수 있었다고 한다면 대중화된 대학교육에서는 학문연구에 다소 미흡한 학생들이 많기 때문에 교수들은 강의준비를 더욱 세심하게 하지 않으면 안 된다. 이때 교수들의 강의는 각 대학이나 전공마다 편차가 클 것이기

---

2) 1970년대의 엘리트교육이 이루어질 때 대학진학률은 20% 미만이었으나 점차 증가하여 2008년 83.5%로 정점을 찍은 후 완만하게 감소하여 2017년 현재 68.9%이다. 이는 OECD 국가의 대학진학률 평균 58%와 비교하면 여전히 높은 수준이다.

때문에 학력수준에 맞는 교육과정의 개발과 교수법의 활용이 매우 중요하다.

흔히 대학에서의 강의 경험이 별로 많지 않은 신임교수의 경우에는 자신이 대학원에서 공부한 수준의 내용을 강의하면서 수강생들의 이해를 위한 노력을 강요하는 경우도 없지 않다. 그 결과 학생들은 자신의 무능을 탓하면서 면학에 흥미를 잃어버리게 된다. 이러한 문제점을 잘 알고 있는 각 대학에서는 신임교수의 강의효과를 제고하기 교수법연수회를 열거나 이미 오랜 강의 노하우를 가지고 있는 선배교수와 '멘토(mentor)-멘티(mentee)의 관계'를 맺어주기도 한다.

이처럼 교수의 명강의는 많은 노력과 준비의 결과이다. 교수의 교육경력이 아무리 오래되었다고 해도 명강의가 자동적으로 보장되는 것은 아니며, 지속적인 연구와 준비 그리고 새로운 교육방법에 대한 적절한 수용을 하는 동시에 수강생들의 눈높이에 맞추어서 강의하고 상호작용이 이루어질 때 비로소 가능한 것이라고 할 수 있다. 명강의는 충분한 연구 및 강의준비와 함께 그것을 얼마나 효율적으로 전달하고 학생들의 면학의욕을 불러일으킬 수 있는가 하는 것이 관건이다.

이와 관련하여 최근 문제가 되고 있는 것은 교수들의 지나친 강의담당시수이다. 많은 대학에서는 점차 가중되는 재정난을 해결하는 하나의 방법으로서 교수들의 일반적 책임시수인 주당 9시간을 12시간 내외로 상향조정함으로써 외래강사에게 지출되는 강사료 부담을 줄이려고 한다. 또한 교수의 책임시수를 연봉제와 연계시킴으로써 많은 시간을 담당할수록 초과수당이 늘어나고 연봉제에도 유리하도록 제도화되어 있다. 그 결과 일부 교수들은 초과강의료를 많이 받고 교육업적평가에서 유리한 평가를 받으려고 지나치게 많은 강의시수를 담당하는 경우도 있다. 이렇게 되면 학생들에 대한 강의가 부실해지는 것은 물론이고, 충실한 교육과 연구를 위한 시간이 절대적으로 부족하게 된다. 이는 대학교수가 학원의 강사로 전락하는 것을 의미한다.

강의평가의 목적은 무엇인가

대학에서 시행되고 있는 학생에 의한 강의평가의 목적은 교수와 학생의 입장에서 적지 않은 의의를 가지고 있다. 교수의 입장에서 볼 때 수업에 대한 평가기회를 제공받을 수 있으며, 강의평가 결과의 피드백(feedback)을 통하여 강의능력 향상과 수업개선을 위한 자료로 활용할 수 있다. 또한 대학당국에서는 학생들의 강의평가 결과를 교수재임용이나 교수업적평가를 통한 연봉제의 기초자료로 사용하는 등 교수들의 건전한 경쟁을 유도하고 있다.

한편 학생들에게는 수업에 대한 의견을 제시할 수 있는 기회를 제공하며 교수와의 상호작용을 통하여 학습능력을 제고하는 데 도움을 줄 수 있다. 또한 강의평가의 결과를 공개함으로써 학생들의 수강 선택에 유용한 정보로 활용될 수도 있다. 이처럼 강의평가는 교수와 학생 모두가 교육효과를 제고하여 양질의 교육을 만들어내는 데 기여할 뿐만 아니라, 수업에 대한 오류를 보완하는 계기가 되어 보다 나은 수업을 하는 데에 그 의미가 있다.

이러한 강의평가의 목적을 달성하기 위하여 각 대학에서는 다양한 강의평가의 내용과 문항을 학생들에게 제시하고 있다. 그 구체적 내용은 각 대학마다 학문의 성격과 계열(인문사회계·자연계·예체능계)에 따라서 다소 차이가 있지만 대체로 객관식 선택형과 주관식 서술형으로 구성되어 있다. 객관식 선택형의 답 항에는 "매우 그렇다, 그렇다, 보통이다, 아니다, 전혀 아니다" 등 대체로 5단계 평가로 되어 있으며, 주관식 서술형에는 강의에 대한 전반적인 장단점을 묻는 것이 일반적이다. 그리고 객관식 평가문항들은 교수자의 특성, 수업조직 및 설계, 수업내용, 수업방법, 시험 및 성적평가, 수업관리 등과 관련한 구체적 질문들로 구성되어 있는 것이 보통이다. 물론 대학의 특성이나 계열 및 전공의 성격에 따라서 평가문항들이 다르게 구성되어 있다.

강의평가를 통해서 교수들이 얻을 수 있는 것이 적지 않다. 강의평가 문항에 대한 주관적 및 객관적 답변내용을 종합적으로 분석해보면 교수의 강의 방법에 대한 호응도나 수업내용에 대한 이해의 정도를 알 수 있다. 또한 학생들이 강의를 들으면서 목말라하는 것이 무엇인가를 알 수 있다. 예를 들어서 교수의 강의 내용이 정말로 학생들이 필요로 하는 것인지, 아니면 교수의 주관적 인식과 판단에 의한 것인지를 어느 정도 파악할 수 있다. 이처럼 수강생들의 강의평가는 담당교수로 하여금 보다 나은 강의를 할 수 있는 자료가 된다는 점에서 매우 긍정적이라고 할 수 있다.

강의평가는 신뢰할 수 있는가

학생들은 강의평가에 참여해야 성적확인이나 수강신청이 가능하기 때문에 대부분의 수강생들은 강의평가에 참여한다. 학생들의 강의평가는 대체적으로 '신뢰할 수 있다는 의견'과 형식적이고 감정적인 경우가 많아서 '신뢰하기 어렵다는 의견'으로 나누어지고 있다. 교수의 강의능력 향상과 수업개선에 활용할 수 있는 강의평가가 되기 위해서는 수강하는 학생들의 진지한 평가태도가 전제되지 않으면 안 된다.

고등교육의 대중화시대에 입학한 요즈음 대학생들의 수업태도는 예전과 같지 않다. 이미 중·고등학교에서부터 생겨난 부정적인 학습태도들이 자유로워진 대학에 들어와서는 그 문제점들이 더욱 심각해지고 있다. 수업시간에 자고 있는 학생들, 강의에는 관심이 없고 휴대폰 문자메시지에 열중하고 있는 학생들, 교수의 강의에 아랑곳하지 않고 웃고 떠드는 학생들, '수업이 진행되고 있는 중인데도 강의실을 들락날락하는 학생들'3)

---

3) 최근 대학에서는 교수의 강의 중에 강의실을 들락날락하는 학생들이 점차 많아지고 있는데, 학생들을 대상으로 설문조사를 해 본 결과 그 이유로는 "화장실이 급해서, 자판기 음료나 물이 필요해서, 전화를 받기 위해서, 담배를 피우기 위해, 유인물 인쇄를 위해서" 등 각양각색인데, 대부분은 설득력이 없는 이유들이었다.

등이 적지 않다. 교수가 강의 중에 이러한 학생들을 통제하고 수업에 열중하도록 해야 한다는 자체가 대학답지 못한 일이지만 교수의 통제를 받은 학생들은 담당교수의 강의평가에 감정적 반응을 보이는 경우가 적지 않다.

강의평가는 익명으로 작성되기 때문에 정확히 알 수는 없지만 경험이 많은 교수라면 학생이 강의평가의 주관식 문항의 답을 왜 그렇게 서술하고 있는지를 충분히 짐작할 수 있다. 예를 들어 어떤 학생이 강의평가에서 "대학생인데 출석체크가 너무 빡빡하다"라고 하거나 "수업관리를 너무 엄격하게 한다"라고 한다면 그는 아마도 상습적인 지각생이거나 수업시간 중에 들락날락하는 학생일 것이다. 이러한 학생들은 대체로 강의시간에 교수의 강의에 집중하지 않았으면서도 "교수가 무슨 말을 하는지 잘 모르겠다"라는 식으로 혹평을 한다. 심지어 익명으로 평가하게 되니 '학생들이 도를 넘는 막말'[4]을 쓰는 경우도 없지 않다. 대부분의 대학에서는 학생들의 강의평가 내용이 다음 학기 학생들의 수강신청에 참고자료로 제공되고 있기 때문에 아마도 전후 사정을 모르는 학생들은 왜 이러한 혹평이 나왔는지 그 배경도 모른 채 해당 교수의 강의를 들으려고 하지 않을 것이다. 바로 이러한 이유로 각 대학에서는 강의평가점수를 산정할 때 최상 및 최하의 각각 10% 결과를 제외한 후 통

---

[4] 교수의 강의 내용과는 관계없는 신변에 관한 내용을 강의평가에 쓰는 학생들이 있는가 하면 입에 담기 어려운 욕설을 하는 학생들도 있어서 교수에 대한 익명의 강의평가가 악용되고 있다는 우려가 증대되고 있다. 김성아, "강의평가, 이제는 탈바꿈할 때", 『교수신문』, 2018년 3월 19일.

계 처리하는 것이 일반적이다.

따라서 대학에서는 강의평가의 신뢰성 제고를 위한 노력이 필요하다. 무엇보다 중요한 것은 학생들의 강의평가가 진지하고 사심 없이 공정하게 이루어질 수 있도록 해야 한다. 대부분의 대학에서 수강생이 강의평가를 하지 않으면 성적확인이나 수강신청을 할 수 없게 하고 있기 때문에 학생들은 의미 없이 형식적으로 강의평가를 하는 경우가 많다. 강제성을 띤 강의평가에 진지하게 참여하는 학생들은 수강생의 절반에도 미치지 못한다는 연구결과들도 있을 정도이다. 게다가 출결사항이나 수업시간을 엄격히 관리하거나 과제물이 많은 경우 부정적인 답변을 하는 학생들도 있다. 강의에 집중하지 못하고 수업태도가 나쁜 학생들일수록 교수의 엄정한 학사관리에 대한 저항감이 크고 그 결과 강의평가도 상당히 감정적으로 처리할 개연성이 높아진다. 이처럼 학생들의 강의평가가 강의의 질이나 수업방식에 대한 '이성적 평가'보다는 교수에 대한 인기 정도를 측정하는 '감성적 평가'가 될 수 있음은 그 한계로 지적되고 있다.

강의평가와 '교수의 포퓰리즘'

강의평가 의의를 제고하기 위해서는 평가에 임하는 학생들의 태도뿐만 아니라 교수들의 올바른 인식과 태도가 중요하다. 강의평가의 결과가 교수들의 연봉제에 반영될 뿐만 아니라 학생들의 수강신청에도 영향을 미치게 된다는 점에서 교수들은 다소 민감한 반응을 보일 수 있다. 이 때문에 일부 교수들은 강의평가의 결과를 더 좋은 강의를 위한 자료로 활용하기보다는 강의평가 결과의 점수가 잘 나오도록 학생들의 인기에 영합하는 이른바 '포퓰리즘 교수'가 된다.

교수들의 포퓰리즘 행태는 다양하다. 학생들이 싫어하는 '출석체크는 매우 느슨하게'5) 하거나 과제물은 아주 쉽게 형식적으로 부과하고, 흥미 위주로 강의를 진행하는 사례들이 그에 해당한다. 학생들의 인기에 영합하여 교과목과 직접적 관련도 없는 영화를 보여주는가 하면 야외수업이라는 미명하에 수강생들과 잔디밭에서 담소하기도 한다. 이러한 교수들은 대부분 수업시간 중에 학생들이 강의실을 들락날락해도 아무런 제재를 가하지 않는다. 학생들이 수강신청을 하지 않으면 담당교수의 강의가 폐강되기 때문에 모른 체 방치하는 것이다. 아마도 앞으로 학령인구의 급격한 감소로 대학의 위기가 심화되면 교수들의 포퓰리즘 행태는 더욱 심화될 가능성이 크다.

교수의 포퓰리즘은 성적 평가에서도 나타난다. 이와 관련하여 웃지 못할 일화를 하나 소개한다. 수강생들에 대한 성적평가가 상대평가가 아니라 절대평가였던 때였다. 물론 지금도 일부 대학에서는 교수의 양식을 믿고 성적평가는 교과목 담당교수 재량사항으로 하고 있다. 당시 수강신청기간이었는데 매년 특정

---

5) 총 75분의 수업시간 가운데 65분이 지나고 수업종료 10분 전에 들어온 학생이 지각하였으니 고쳐달라고 해서 이미 65분이 지났으니 지각이 아니라 결석이라고 했더니, 그 학생이 말하기를 "00교수님은 수업종료 5분 전에 와도 지각이라 인정해주는데 왜 교수님은 안 된다고 하느냐"고 항의를 하는 학생도 있었다. 지각처리의 기준을 교수 재량에 맡기는 대학에서는 이처럼 웃지 못할 일이 일어나고 있다.

교수의 교과목에 수백 명의 수강생들이 몰려들었다. 실상을 모르는 사람들은 아마도 그 교수가 명강의를 하는 명교수라고 생각했으나, 학생들의 소문은 그것이 아니었다. 학생들에 의하면 그 교수는 웬만하면 A+ 아니면 A학점을 주기 때문에 '아주 재수가 없으면 B를 받게 된다'는 것이었다. B학점도 결코 나쁜 학점은 아닌데 아주 재수가 없는 학생이 받는 학점이란다. 이 사실을 알게 된 총장은 화가 나서 교무처에 그 교수가 제출한 학생들의 성적표를 분석해오라고 지시하였는데, 놀랍게도 전체 수강생들의 90%가 A학점이었다는 것이 밝혀졌다.

이와 같이 교수가 학생들의 인기에 영합하려는 포퓰리즘의 폐단은 현재와 같은 성적의 상대평가제도에서도 완전히 없어진 것은 아니며 다만 그 정도가 완화되었을 뿐이다. 고등학교에서는 결코 90점을 넘기지 못했던 학생이 대학에 와서는 95점을 쉽게 받는다면 그 학생이 대학에 들어와서 갑자기 열심히 하였기 때문인가 아니면 단지 상대평가제도의 결과인지는 물어볼 필요가 없을 것이다. 우리나라의 대학은 '학력 인플레이션'만 문제되는 것이 아니라 '성적 인플레이션'도 심각한 것이 현실이다.

이처럼 학생들의 일시적 인기에 영합하려는 교수들의 포퓰리즘적 행태는 올바른 교육자의 자세가 아니며, 이로 인하여 학생들의 취업 경쟁력도 크게 떨어질 수밖에 없다. 제자들의 미래를 책임지고 있는 교육자인 교수가 인기를 먹고 살아가는 연예인과는 달라야 함에도 불구하고 대학의 위기 상황이 계속되면서 '점점 더 연예인을 닮아가고 있다'는 사실이 참으로 안타깝다.

4. 인생의 멘토로서의 교수

학생의 멘토, 지도교수

대학 교수의 주된 교육영역은 전공학문에 대한 것이지만 인생의 선험자로서 제자들의 미래 삶에 대한 인간교육, 교양교육, 진로교육의 중요성도 점점 더 커지고 있다. 특히 학력 인플레이션 속에서 대학생들의 취업난이 가중되고 있는 상황에서 매우 힘들어하는 제자들에 대한 진로교육에 대한 중요성이 크게 증대되고 있다.

교수는 강의실에서 강의를 할 뿐만 아니라 학생들을 상담하고 지도한다는 점에서 교육자로서의 철학과 인품이 요구된다. 대학에서는 기능적 지식인이 아니라 전문지식을 갖춘 바람직한 지성인을 양성하는 것이 그 목표이기 때문이다. 특히 인문사회과학 분야의 교수들은 강단에서 '가치와 당위의 문제', 삶의 '목적과 방향의 문제들'을 직접적으로 논의하게 된다는 점에서 더욱 그렇다.

대학생은 사회에 나갈 준비를 하고 있는 청춘들이라는 점에서 고민도 많고 흔들림도 많다. 특히 황금만능주의 세태 속에서 치열한 취업경쟁을 뚫고 사회에 진출해야 하는 제자들은 자칫 행복한 삶의 길을 찾지 못하거나 잘못된 길을 선택할 수도 있다. 교수는 교육자로서 제자들에게 '무엇이 행복한 인생'이고 '어떻게 사는 것이 가치 있는 삶'인지를 가르쳐줄 수 있는 인생의 멘토가 되어야 한다. 삶의 방향을 찾지 못해서 헤매고 있는 제자들에게는 그 길을 찾을 수 있도록 도와주고, 잘못된 길을 가고 있는 제자들은 바른길을 갈 수 있도록 지도하는 것은 교수의 중요한 책무 가운데 하나이다.

이러한 이유로 각 대학에서는 학과의 학생들을 소속 교수들이 분담하여 지도하는 '분담지도교수제도'를 운영하고 있다. 그런데 학생들에 의하면 이러한 분담지도교수제도가 '복불복(福不福)'이라고 한다. 왜냐하면 대부분의 대학에서는 전체 학생들의 수를 학과 교수들의 수로 나누어서 지도하기 때문에 학생이 재수가 좋으면 훌륭한 교수를 만나서 제대로 지도받을 수 있지만 그렇지 않으면 형식적인 지도밖에 받지 못하기 때문이라는 것이다.

이러한 폐단을 시정하기 위하여 어떤 대학에서는 학생들에게 지도교수를 선택할 수 있도록 한 결과 또 다른 문제점이 나타났다. 취업을 앞두고 있는 고학년의 경우에는 실질적인 조언을 받을 수 있는 지도교수를 선호하는 반면, 신입생이나 저학년의 경우에는 면학과 취업을 강조하는 교수보다는 부담 없이 대화할 수 있는 교수들을 선호한다는 것이었다. 물론 교수들마다 학생에 대한 지도방법론에서 차이가 있다는 점을 감안하더라도 학생들의 의식이 지도교수의 선택에 영향을 미친다는 것을 보여주고 있다. 특히 면학에 열중하지 못하는 학생들은 면학과 취업지도가 더욱 어렵다는 점에서 지도교수의 지도내용이 어떻게 이루어져야 할 것인가는 자명한 일이다.

중요한 것은 편의상 학생들을 분담하여 지도하는 '제도적인 지도교수'가 아니라 교수는 자신을 찾아오는 모든 학생들에게 조언해줄 수 있는 '실질적인 지도교수'가 되어야 한다는 것이다. 형식적으로 제도화된 지도교수제는 학생들에게 실질적인 멘토의 역할을 해줄 수 없기 때문이다. 대학에서 교수가 존재하는 이유는 학생이 있기 때문이다. 만약 폐교가 되어서 학생이 없다면 교수도 당연히 퇴직할 수밖에 없다. 이처럼 교수에게 있어서 학생에 대한 교육과 지도라는 책무는 연구와 봉사보다도 중요하다. 그럼에도 일부 교수들은 연구비를 수주하고 대외활동을 위해서 교육과 학생지도에 소홀하고 있는 것은 문제가 아닐 수 없다.

　만약 누가 나에게 "당신은 교수직에 있으면서 가장 보람이 있었던 공헌이 있다면 무엇인가?"라고 묻는다면 아마도 그것은 적지 않은 시간과 노력을 들여서 '길을 잃고 헤매는 학생들에게 나침판의 역할을 해준 것'이 아닐까 생각한다. 이것은 교육자로서 교수가 연구비를 수주하여 얻게 되는 '물질적 이익'과는 비교할 수 없을 정도로 가치가 있는 인간에 대한 '정신적 투자'이기 때문이다.

교수는 '아픈 청춘들의 의사'

　대학 캠퍼스의 봄은 활기로 넘친다. 새내기들이 청운의 푸른 꿈을 안고 대학에 입학하기 때문이다. 교수라는 직업은 이들로 인해서 늘 마음은 청춘이다. 해가 바뀌면 교수의 나이는 늘어나지만 대학 강의실에는 항상 같은 나이의 학생들과 마주하게 된다. 언제나 '푸르게 빛나는 청춘들'을 상대로 강의한다는 것은 교수의 커다란 행복이 아닐 수 없다.

그러나 새내기 신입생들의 깔깔대는 웃음소리도 오래가지는 않는다. 그들은 입학한 지 얼마 되지 않아서 곧 졸업 후의 진로와 취업을 걱정해야 하기 때문이다. 대학에서는 각종 취업과 진로 관련 프로그램과 강의들이 진행되면서 새내기들은 당초에 기대했던 대학의 낭만이 없다는 사실을 깨닫게 된다. 그래서 청춘들의 대학생활은 가슴앓이의 연속이다.

어떤 교수는 '아프니까 청춘'6)이라고 그들을 위로하지만, 교수는 제자를 위로하는 데에 그쳐서는 안 된다. '아프면 환자이지 뭐가 청춘이냐'고 항의하는 제자들에게 청춘의 고통은 당연히 겪는 하나의 과정이라고 한다면 설득력이 있겠는가? 아프면 환자이니 교수는 병의 원인을 진단하고 치료하는 데 도움을 줄 수 있는 의사가 되어야 한다.

교수는 아픈 청춘들에게 '진통제 처방'을 해서는 안 된다. 진통제는 일시적으로 통증을 완화시킬 수는 있지만 근본적으로 통증을 제거할 수는 없기 때문이다. 일부 몰지각한 교수들은 학생들의 일시적 인기에 영합하여 정치인들에게서나 볼 수 있는 '포퓰리즘(populism)'을 추구하는 경우도 없지 않다. 만약

---

6) 김난도, 『아프니까 청춘이다』, 서울: 쌤엔파커스, 2010.

교수가 힘들어하는 학생들에게 마약이나 다름없는 진통제 처방을 한다면 그는 이미 교수이기를 포기한 것이나 다름이 없다. 왜냐하면 제자는 병이 더욱 깊어져서 점점 더 고강도의 마약을 찾게 되고 마침내 생존 자체가 위험해지기 때문이다.

이러한 점에서 학생들의 장래에 대한 교수들의 역할과 책임은 매우 무겁다. 혈기왕성하고 흔들림이 많은 대학생들은 어떤 교수로부터 어떤 조언을 받는가에 따라 인생의 운명이 달라질 수도 있다. 아픈 청춘들에게 필요한 것은 병의 원인을 근본적으로 치유할 수 있는 면역력을 키워주는 것이다.

특히 치열한 경쟁이 벌어지고 있는 취업전선에서 실패하여 좌절하고 있는 제자들이 다시 용기를 내어 도전할 수 있도록 애정 어린 관심과 성원이 필요하다. 바로 이러한 점에서 철학자인 김형석 교수는 '사랑이 있는 고생이 축복'이라고 하면서 '그 사랑이 클수록 고생도 많으나 그 많은 고생이 인생의 보람이며 행복'이라고 하였다.[7] 제자들의 미래를 위해 부단히 관심을 가지고 스스로 고행의 길을 걷고 있는 교수야말로 정말로 행복한 사람이요 존경할 만한 교육자가 아니겠는가. 이러한 교육자의 길을 갈 수 있으려면 인생의 멘토로서 교수가 먼저 거기에 걸맞은 인품과 철학을 갖추어야 함은 물론이다.

---

7) 김형석, 『남아 있는 시간을 위하여』, 파주: 김영사, 2018, p.66.

교수의 진로지도

교수는 제자들에게 인생의 선험자(先驗者)로서 행복한 인생이란 어떤 것인지 그리고 행복한 삶을 살아가기 위해서는 재학 중에 무엇을 공부하고 준비해야 하는지를 안내하고 지도해줄 수 있어야 한다. '행복의 조건'이 무엇인가라고 묻는다면 주관적 조건이라는 측면에서 보면 개인의 가치관에 따라서 그 내용이 다르겠지만, 객관적 조건의 관점에서 본다면 대체로 경제력, 정신적 및 육체적 건강, 자아실현, 타인에 대한 봉사 등이 공통적으로 지적되고 있다.

이러한 조건의 충족을 위하여 학생들은 필요한 학문과 교양을 부단히 함양하는 동시에 사회가 요구하는 전문적 능력을 준비하지 않으면 안 된다. 말하자면 건강한 정신과 훌륭한 교양을 가진 지성인이 되기 위한 노력과 함께 사회가 요구하는 전문성을 갖춘 유능한 인재가 되어야 할 것이다. 바로 이러한 조건들을 추구하는 과정에서 학생들은 적지 않은 어려움을 겪을 수밖에 없기 때문에 선험자로서 교수의 조언이 필요하다. 특히 아직 사회적 경험이 적고 인생관이나 가치관을 확립하지 못하여 흔들림이 많은 제자들에 대한 교수의 책임은 전공교육 못지않게 인생 멘토로서의 역할도 중요하다.

오늘날 우리의 대학은 학문과 교양의 전당으로서 추구해야 할 '당위적 가치'와 대학생이 졸업 이후에 살아가는 데 필요한 취업 등 '현실적 가치'의 대립 속에서 심각한 갈등을 겪고 있다. 대학 진학률이 20~30%에 불과하였고 경제성장기에 있었던 70~80년대의 대학생들은 졸업 후 취업에 대한 걱정 없이 학문과 교양의 연마에 충실할 수 있었다. 73학번이었던 저자의 경우 대학에서는 철학과 논리학이 교양필수 과목이었으며 문학과 역사에 대한 교양도 충분히 쌓을 수 있었다. 당시 졸업학점은 160학점이었기 때문에 현재의 120학점과 비교하면 교양 공부를 훨씬 더 많이 할 수 있었다. 또한 졸업시기가 다가오면 대기업에서 경쟁적으로 졸업생들을 데려가기 위하여 엄청난 선심공세의 홍보활동을 벌이던 시기였다. 공무원을 꿈꾸는 대학생들은 모두가 하나같이 5급 고등고시에 매달리던 시기였고 9급이나 7급 시험은 아예 관심을 두지 않았으니 지금과 비교하면 참으로 '옛날애기'가 되어버렸다.

그러나 대학생의 수가 급격히 팽창하고 학력 인플레가 가속화된 오늘날의 대학생들은 졸업 후 '이태백'(이십대 태반이 백수)이 되지 않기 위해서는 입학에서부터 학문과 교양보다는 자신의 진로와 관련된 취업준비에 매달리지 않을 수 없게 되었다. 정부가 최근 발표한 공식적 청년실업률이 11%를 넘어섰고 체감실업률은 2배 이상이다. 특히 인문사회계 학생들의 취업난은 매우 심각한 상황이다. 지금은 대학생이라고 해서 5급에만 매달리는 것이 아니라 7급이나 9급 시험에 합격하는 것도 결코 만만치 않은 것이 현실이다. 공무원고시학원이 몰려 있는 서울의 노량진을 비롯해서 전국의 수많은 고시학원들이 호황을 누리고 있다는 사실이 바로 대학생들의 취업난을 잘 증명해주고 있다.

그렇다면 취업절벽 앞에서 좌절하고 있는 제자들을 보면서 교수들은 어떻게 해야 하는가? 대학은 학문의 전당이니 교수는 전공이나 교양만 가르치고 취업은 학생들이 각자 알아서 하라고 하면 그만일까? 학생들의 미래에 대한 최소한의 책임의식도 없는 교수라면 그는 이미 교육자로서의 역할을 포기한 것이나 다름없다. 학생들이 대학원을 진학하여 학문을 업으로 삼고 살아간다면 전공학문만을 강조할 수도 있다. 그러나 현실은 대부분의 학생들이 대학원에 진학을 하는 것이 아니라 졸업과 동시에 취업을 해서 사회에 나가고자 하기 때문에 무엇보다도 그 준비가 중요하다. 대학 교수들의 주된 책무인 학생에 대한 교육내용에는 전공과 교양에 대한 교육은 물론이고 '진로와 취업 상담'도 포함된다는 사실을 잊으면 안 된다. 인생의 선험자로서 제자들의 삶의 방향에 멘토의 역할을 해주어야 한다는 것은 교육자로서 당연한 소명이다.

그렇다면 교수는 무엇을 어떻게 해야 하는가? 교수신문의 조사에 의하면 10명 중 6명의 대학생들이 대학생활에서 가장 고민하고 있는 것으로 '졸업 후 진로'라고 하였다. 학업은 진로와 취업 다음의 순서에 있었다. 더욱이 학생들은 진로나 취업교육에서 도움을 얻고자 하는 사람으로서 '지도교수'를 선택하였는데, 일반대학생의 51.4%, 전문대학생의 66.2%가 교수의 도움을 희망하고 있다.[8] 이처럼 학생들은 자신의 진로 및 취업과 관련하여 교수들의 조언과 지도를 간절히 바라고 있는 것이다.

따라서 대학교수는 최소한 자기가 속해 있는 학과의 학생들이나 강의를 듣고 있는 수강생들에게 졸업 후 진로와 관련하여 선험자로서 멘토의 역할을 해줄 수 있어야 한다. 교수의 보람 가운데 하나는 '제자의 성공'이라고 할 수 있기 때문이다. 어려운 경제환경으로 힘들어하는 제자들을 격려하고, 인생의 항로를 찾지 못해서 방황하는 학생들에게 나침판이 되어줄 수 있다면 얼마나 보람 있는 일인가.

교수는 자신의 자녀들에게 정성을 다하듯 제자의 적성과 능력을 잘 파악하고 그에 걸맞은 진로를 안내함으로써 행복한 삶을 살아갈 수 있도록 조언을 아끼지 않아야 한다. 나의 경우에도 대학과 대학원 지도교수의 조언으로 교수의 길을 걷는데 용기를 낼 수 있었다. 어려운 경제사정 때문에 적성에도 맞지 않는 외무고시에 매달려 씨름하던 나에게 학자의 길을 조언해주신 분들이 있었다는 사실은 나의 행운이었다.

우리 속담에 "사랑은 내리 사랑"이라는 말처럼, 나도 역시 은사님들로부터 받은 사랑을 제자들에게 쏟은 결과 적지 않은 성과를 거둘 수 있었다. 교사·행정공무원·경찰공무원·은행원·공사공단 직원·대학교 직원·무역사무원 등 다양한 직종으로 진출한 제자들은 어느덧 사회에서 교장·사장 등 중책들을 맡고 있다.

어머니의 죽음으로 어려운 가정환경 속에서 동생들을 건사해

---

8) 『교수신문』, 2017년 12월 27일.

가면서 자신의 진로를 개척해야 했던 B군에 대한 격려와 조언, 남자친구와의 이성교제로 한동안 수업시간에 멍하니 초점을 잃어버리고 '연애몸살'을 앓고 있던 J양에 대한 냉혹한 조언은 적지 않은 도움이 되었음은 그들도 인정하고 있는 사실이다. B군은 한국산업인력공단에서 공모한 해외인턴에 지원하여 엄청난 경쟁률을 뚫고 인턴에 선발되었는데, 4개월 만에 인턴들 중 유일하게 정직원에 선발되었다. 또한 J양은 은행인턴과 홍보대사로서 경력을 쌓아가면서 은행업무 관련 자격증까지 취득하여 S은행의 은행원이 되었다. 졸업과 동시에 은행원이 된 J양의 아버지는 최종합격 소식을 듣고 나에게 전화를 걸어와서 '모든 과정이 교수님의 작품'이라고 감사 인사를 전해왔다. 자녀의 진로와 취업에 각별한 관심과 애정을 가지고 있었던 J양의 아버지는 이제야 마음을 놓을 수 있게 되었다고 했는데, 대학생 자녀를 둔 부모들의 마음은 모두가 같을 것이다.

이처럼 지난 38년 동안 교수직을 수행하면서 결실을 보게 된 수많은 제자들의 성공사례들을 직접 경험하면서 나는 '교수의 책임과 역할'이 얼마나 중요한가를 다시 한번 실감하고 있다. 전문적인 학생지도라는 측면에서 본다면 대학생의 장래에 대한 교수의 영향력은 그의 부모보다도 크다고 할 수 있을 것이다. 따라서 교수는 교육자이자 인생의 선험자로서 제자의 삶의 방향과 행복한 인생에 대하여 지속적인 관심을 가지고 지도하지 않으면 안 된다.

5. 교수의 보직과 '캠퍼스 폴리틱스'

교수의 본직과 보직

교수는 대학에서 재직하는 동안 '본직'과 '보직'을 엄격히 구분할 줄 알아야 한다. 교수의 본직은 연구와 교육이기 때문에 무엇보다도 자신의 전공분야에 대한 연구에 충실해야 하며, 그 연구의 결과를 가지고 학생들에 대한 강의와 교육에 충실히 임해야 한다. 다만 오랜 기간 대학에 재직하다 보면 불가피하게 '자의(自意) 반 타의(他意) 반'으로 한두 번은 보직을 맡아서 대학을 위해 봉사해야 하는 경우가 있을 수 있다.

그러나 보직을 맡는 기간이 길어지면 교수 본연의 사명인 연구와 교육으로부터 관심이 멀어지게 된다. 게다가 보직을 오랫동안 맡다가 보면 보직 자체의 논리에 빠져들거나 욕심이 생겨서 자리에 연연하게 된다. 심지어 다음 번 '보직사냥'을 위해서 '캠퍼스 폴리틱스(campus politics)'9)를 즐기면서 허송세월을 하는 경우도 없지 않다. 비록 캠퍼스 내의 작은 권력이라고 할지라도 '마약과 같은 권력의 속성'을 제대로 알지 못한다면 정상적인 교수의 삶을 살아가기 어렵다.

대학에서의 보직은 대학의 운영, 즉 '캠퍼스 폴리틱스' 과정

---

9) '캠퍼스 폴리틱스'란 대학에서 이루어지고 있는 바람직하지 못한 교수들의 정치적 행태들을 말한다. 연구와 교육에 전념해야 할 교수가 마치 정치인들이 권력을 추구하듯이 대학의 보직이나 총학장의 선거를 위하여 본업에는 소홀하고 권력을 탐하는 행태를 말한다.

에서 행사되는 하나의 권력이다. 보직 교수는 대학의 주요한 정책결정과정에 참여하여 영향력을 행사할 수 있다. 권력을 지향하는 인간의 속성은 교수사회라고 해서 예외는 아니다. 일반적으로 교수가 보직을 맡으면 보직수당이 주어지고 강의시간이 최소화되며, 교수업적평가를 바탕으로 하는 연봉제에서도 유리하다.

더욱이 보직교수는 대외적으로도 학장·처장·원장 등으로 불리면서 대접을 받는다. 우리 사회는 교수들마저도 정치인이나 관료사회에서 중시되는 권력과 직위를 높이 평가하는 '권력지향적인 풍토'를 보여주고 있다. 우리 사회가 지나치게 감투를 좋아하는 '감투지상주의' 사회이다 보니 교수에 대한 평가도 연구와 교육보다는 그가 맡고 있는 보직, 즉 학장이나 처장을 유능한 교수로 생각하는 오류를 범하고 있다. 지인들은 내가 대학에서 맡았던 보직명을 붙여서 지금도 '변학장' 또는 '변처장'이라고 부르는 경우가 있다. 아마도 그것은 그들이 나를 높여주는 방식의 하나일 것이다. 그러나 대학 보직은 교수에게 결코 자랑스러운 것은 아니며, 오히려 연구와 교육이라는 본직의 수행에 방해가 될 수 있음을 유념하여야 한다.

우리나라의 대학에서는 보잘것없는 권력을 다투면서 파벌을 만들고 권력투쟁을 일삼는 교수들이 적지 않다는 사실이 교수사회를 부끄럽게 만들고 있다. 선진국의 경우 연구와 교육이라는 본직에 전념하는 교수와 보직교수가 대체로 8:2의 비율인 반면, 우리나라는 그와 반대로 2:8이라고 해도 과언이 아닐 정도로 크고 작은 보직이 지나치게 많다. 이러한 사정은 선진국에 비해서 교수들의 숫자가 턱없이 부족할 뿐만 아니라 전문가로서 교수의 도움을 받아야 할 곳이 많다는 반증이기도 하다.

그럼에도 불구하고 교수가 보직을 탐하는 것은 결코 바람직하지 않다. 혹자는 보직을 수행하는 데 적절한 사람은 대학을 위해서 장기적으로 봉사를 할 수도 있지 않느냐고 항변을 할지도 모른다. 이런 교수들은 이른바 '보직체질'이라는 사람들인데 보직을 오랫동안 하다 보면 자신이 교수인지 행정직원인지조차도 헷갈린다. 학장·처장·원장으로 불리면서 보직수당을 받고 최소한의 수업만 하는 데 익숙하다 보니 연구를 하는 것이 귀찮아진다면 그는 이미 교수가 아니다. 보직을 맡은 대부분의 교수들이 보직을 그만둔 후 다시 연구활동에 적응하는 데는 일정한 시간이 필요하다는 사실을 인정하고 있다. 나의 주변을 살펴보아도 젊은 나이에 이미 학문적 관심은 사라지고 보직에만 매달리고 있는 교수들을 보면 참으로 안타깝다. 따라서 교수는 대학행정을 위해 봉사하는 보직은 최소한의 기간으로 하는 한편, 본직인 연구와 교육에 보다 충실하는 것이 대학발전에 더욱 기여한다는 사실을 절대 잊어서는 안 된다.

이러한 점에서 대학에서 대부분의 교수들은 보직에 욕심을 내지 않으며, 총장이 보직을 맡아주기를 요청하면 여러 가지 핑계를 들어서 보직을 수행하기 어렵다고 거절한다. 다만 대학에서 오랫동안 재직한 교수들 가운데는 학교를 위해서 봉사하지 않는 너무나 이기주의적인 교수로 비난받지 않기 위해서 마지못해 보직을 수락하고 최소기간만을 봉사해주고 연구실로 돌아오는 경우도 있다.

이처럼 대학에서 보직을 탐하는 교수들의 행태에는 몇 가지의 공통점이 있다. 가장 큰 공통점은 연구와 교육이라는 교수의 본분에 충실하지 못하며, 그 책임과 의무를 형식적으로 수행한다는 점이다. 이런 교수들의 연구실은 학문연구의 공간이기보다는 정치적으로 필요한 사람들과의 친분을 쌓는 비밀공간으로 기능하며, 강의가 없는 날에는 대부분 연구실이 닫혀 있다. 또한 강의와 학생지도 역시 형식적이다. 강의는 매 학기 강의 내용에 대한 수정이나 보완 없이 지난 학기의 강의를 재탕하는 것이 보통이며, 학생들에 대한 상담이나 지도 역시 교수 평가에서 점수를 얻기 위해 형식적으로 이루어진다. 교수로서의 관심이 다른 곳에 있으니 본직에 충실할 수가 없는 것은 당연한 일이다.

총장의 삼고초려(三顧草廬)

교수로서 재직한 38년 동안 나도 역시 학장과 처장 등 한두 차례의 보직은 피할 수 없는 일이었다. 이 가운데 특히 기억에 남는 것은 '입학처장'이라는 보직을 맡은 것이었다. 당시 내가 재직하고 있는 대학이 우수학생 유치를 위하여 선제적으로 구조조정을 하던 시기였다. 이를 위하여 대학에서는 정책적으로 지원자격을 수능 최저학력기준 5등급 이상으로 설정하여 신입생의 지원을 제한하였던 관계로 충원율이 76.4%로 떨어진 적이 있다. 이러한 위기 상황에서 당시 총장은 책임을 지고 사직하였고, 새로이 부임한 총장은 가장 책임이 무거운 입학처장을 맡아달라고 간청하였다. 매우 어려운 직책인지를 잘 알고 있었지만 오랫동안 대학에 재직한 교수로서 거부할 수가 없어서 1년만 맡기로 하고 수용하였다.

입학처장을 맡은 후 업무상 입시홍보를 위하여 전국의 고등학교를 대상으로 뛰어다니다 보면 힘이 드는 것은 이루 말로 표현할 수 없었다. 이뿐만 아니라 '대학교수의 꽃'이라고 할 수 있는 '방학기간'에는 더욱 바쁘다. 여름방학은 수시모집, 겨울방학은 정시모집을 위해 뛰어야 하기 때문이다. 입학처장을 하는 동안 방학기간에는 단 하루도 마음 편히 쉬지 못했고 늘 긴장의 연속이었다.

입학처의 업무는 주간과 야간의 구별이 없었다. 우리 대학이 위치한 영남지역을 중심으로 전국의 고등학교가 입시홍보의 대상이었기 때문이다. 늘 피곤한 몸을 이끌고 출근하여 대학 본부 보직자회의에 참석하고, 위원장으로서 교내 및 교외의 입학전략위원회 회의를 주재하고 입학처의 직원들과 업무회의를 하는 등 정말 하루가 어떻게 지나가는 줄도 모를 정도로 바쁜 나날들이었다.

이렇게 입학처의 직원들 및 관련 부처와 협력하여 각고의 노력을 경주한 결과 1년 만에 수능 5등급 이상으로 제한한 상태에서 신입생 충원율은 98.5%로 급등하였다. 당초 총장에게 약

속한 것은 1년이었지만 도저히 그만두겠다는 말이 나오지 않아서 일반적으로 대학의 보직은 2년이기 때문에 힘이 들어도 1년만 더 참고 봉사하기로 마음을 먹었다. 그리고 1년 후 수능 5등급 기준으로 신입생 충원율은 완전히 100% 달성되었다. 이렇게 되자 총장은 나에게 입학처장을 계속해 줄 것을 직간접적으로 여러 차례 사람을 보내어 요청하였으나 정중히 사양을 하고 보직의 관례대로 2년을 마치고 다시 연구실로 복귀하였다.

이처럼 내가 보직을 크게 경계하였던 것은 교수가 보직에 맛들이면 그것이 자신의 본직으로 착각하여 연구와 교육을 소홀하게 되기 때문이다. 또한 내가 아니더라도 그 직책을 수행할 수 있는 교수들은 얼마든지 있다. 실제로 내가 후임으로 추천한 그 교수도 입학처장의 임무를 완벽하게 수행함으로써 총장의 우려를 완전히 불식시켰던 것이다. 내가 추천했던 그 교수는 입학처장을 시작으로 능력을 인정받아서 교무처장, 기획처장, 부총장 등 약 8년에 걸쳐서 주요보직을 수행하느라 개인적 희생이 너무나 컸다. 나는 지금도 그 교수의 오랜 보직에 감사와 미안한 마음을 동시에 가지고 있다.

캠퍼스 폴리틱스(campus politics)와 총장 선거

대학의 총장선거는 교수들의 '캠퍼스 폴리틱스'가 어떻게 이루어지고 있는가를 잘 보여주는 대표적인 사례라고 할 수 있다. 총장이 재단에 의해 임명되는 일부 사립대학을 제외하고 대부분의 국립대학과 사립대학에서는 교수들에 의한 직접 또는 간접선거를 통해서 총장이 선출된다. 이 과정에서 총장 후보자들은 교수들과 다양한 방법으로 접촉하게 되는데 그 선거운동의 실태를 보면 일반인들에 의한 대선이나 총선에 못지않다. 어쩌면 대학의 총장선거는 유권자의 수가 많지 않고 선거운동의 범위도 제한되기 때문에 총선이나 대선보다 선거운동이 쉬울 뿐만 아니라 더욱 은밀하고 비밀리에 이루어진다.

총장후보자들은 선거 승리를 위하여 교수들의 선심을 살 수 있는 온갖 공약을 남발하는 것은 물론, 일부 교수들을 선거운동원으로 포섭하여 조직적 득표활동을 벌인다. 총장에 출마하고자 하는 교수들은 이미 몇 년 전부터 교수들의 길흉사에 빠짐없이 참석하여 인맥을 구축할 뿐만 아니라, 선거에 출마하게 되면 교수들의 연구실마다 수차례 찾아다니면서 운동하는 모습은 정치인들의 선거운동을 뺨칠 정도이다. 게다가 총장후보자가 당선을 위하여 교수들과 술자리나 골프와 같은 모임을 주선한다는 사실도 공공연한 비밀이다. 총장후보자의 선거캠프에 참여한 교수들은 후보자가 총장에 당선되면 각종 보직으로 논공행상(論功行賞)을 하게 된다. 이는 보직을 하고자 하는 정치교수들과 선거운동원이 필요한 총장후보자 사이의 이해관계가 일치되기 때문에 가능한 일이다.

한편 총장후보자들의 선거공약은 대체로 대동소이(大同小異)하다. 왜냐하면 선거에서 득표를 위한 것이기 때문에 교수들의 지지를 얻을 수 있는 공약이 되어야 하기 때문이다. 예를 든다면 대학발전기금의 확충, 연구비의 증액을 비롯한 교수들에 대한 처우개선, 교수들의 의견을 반영한 대학정책수립 등 교수들의 복지와 권리향상에 선거공약의 초점이 맞추어진다. 반면에 오늘날 대학의 최대 화두가 되고 있는 학령인구 감소에 따른 학과의 구조조정이나 교수들의 경쟁력 제고를 위한 과감한 연봉제의 도입 등 교수들이 반대하거나 반발을 살 수 있는 내용은 처음부터 배제된다. 대학의 경영자로서 총장이 반드시 해야 할 시대적 과제는 회피하거나 아주 형식적으로 다루는 반면에, 선거승리에 도움이 될 수 있는 '선심성 공약들'은 실현여부와 관계없이 남발되고 있으니 지식인들이 모여 있는 '교수사회의 선거도 속물근성은 마찬가지'라고 하겠다.

총장선거의 현실이 이러하니 선거에 출마하는 후보자들의 면면은 충분히 짐작하고도 남는다. 아마도 학자적 양심을 가지고 있는 올곧은 교수라면 총장선거에 출마하지도 않을 것이고, 설사 출마한다고 하더라도 교수들의 지지를 받아서 당선될 가능성은 높지 않을 것이다. 왜냐하면 그는 아마도 대학의 위기상황을 솔직히 설명할 것이고 이를 극복하기 위하여 교수사회의 혁신과 구조개혁을 말하지 않을 수 없을 것이기 때문이다. 그 결과 오늘날 우리나라 대학에서 선거로 당선된 교수출신 총장들의 공통점은 '정치성'이 매우 높다는 사실이다. 그리고 이처럼 정치성이 강한 총장들이 운영하는 대학의 미래를 걱정하는 사람들이 많은 것도 우리나라 대학의 현주소이다.

6. 불편한 진실과 지방대 교수

지방대학의 불편한 진실

요즈음은 서울 안에 있으면(in Seoul) 모두가 '서울대'라는 우스갯소리가 있다. 대한민국을 '서울공화국'이라고 부르는 '서울중심주의'가 서울과 지방의 대학 간에 적지 않은 격차를 초래하고 있기 때문이다. 서울은 '중심'이요 지방은 '변방'이라는 지방비하적인 이분법적 사고가 점차 심화되어 왔다. 물론 지방에도 포스텍(POSTECH, 포항공과대학교)과 같은 세계적 수준의 명문대학교가 있기 때문에 서울과 지방의 대학들을 모두 두 그룹으로 나누어 일반화할 수는 없다. 지방대학이라고 해서 학생들 모두가 서울지역의 학생들보다 수학능력이 떨어지거나 경제적으로 어려운 것은 아니다. 서울과 지방의 학력수준의 차이는 학과별 편차가 큰데, 지방의 주요 국립대, 사립대의 의대나 약대 등의 성적은 서울지역의 대학에 결코 못지않다.

그러나 이들을 제외한 대부분의 지방대학의 학과들은 서울에 비해 다소 학력수준이 낮은 것이 사실이며, 더욱 주목해야 할 것은 지방대학생들의 경제환경이 서울의 학생들에 비해서 대체적으로 좋지 않다는 점이다. 서울의 유명대학에 입학할 정도로 수학능력이 있는 학생들도 부모가 서울 유학을 감당할 경제적 여력이 없는 경우에는 지방의 국립대학을 선택하는 경우가 적지 않다. 이처럼 서울과 지방대학을 비교할 때 학생들의 학력수준이나 경제여건에서 적지 않은 차이가 있다는 사실은 '불편한 진실'이라고 할 수 있다.

이러한 경제환경의 차이는 대학생들의 방학기간 생활을 비교해보면 더욱 확실하게 나타난다. 대체로 경제환경이 좋은 서울 지역의 대학생들은 방학을 이용해서 해외어학연수, 해외교환학생 프로그램 참가, 해외배낭여행 등 이른바 글로벌시대에 걸맞은 해외경험을 쌓으려 외국에 나간다. 이들은 국내에 있더라도 졸업 후 취업에 필요한 직무능력을 갖추기 위하여 학원이나 인턴 경험 등을 쌓으며 미래를 준비한다.

이에 반해서 대체로 경제환경이 어려운 지방의 대학생들은 방학 중 부모의 도움으로 해외경험을 할 수 있는 사람이 소수이다. 오히려 대부분의 학생들은 방학 중에 아르바이트를 함으로써 다음 학기의 학비를 벌거나 자신의 용돈을 스스로 해결하지 않으면 안 된다. 이러한 상황에서 미래를 위한 준비와 투자는 단지 희망사항일 뿐이다. 이처럼 이미 대학에 다니면서부터 '금수저'와 '흙수저'의 차이를 실감하면서 살아가야 하는 학생들이 졸업 후에 어떻게 살아가게 될 것인가를 예측하는 것은 아마 크게 어렵지 않을 것이다.

교육환경이 이러하니 지방대 교수들은 서울보다 훨씬 더 많은 행정업무와 학생지도, 심지어 신입생의 유치에까지 신경을 쓰게 되니 스트레스가 이만저만이 아니고 교수로서의 자부심과 만족도 역시 떨어진다.[10] 이러한 현상이 전문대학의 경우에는

---

10) 교수신문의 조사에 의하면 교수들의 '자부심'은 수도권 교수가 55.9%인 데 반해서 지방대는 41.8%로 나타난 반면, 다른 대학으로 이직을 희망하는 교수들은 수도권 대학교수 44.4%, 비수도권 대학교수 52.2%로 나타났다. 『교수신문』, 2015년 4월 16일.

이미 오래전부터 계속되어 왔는데, 학령인구의 급감으로 이제는 4년제 대학에서도 유사한 일이 벌어지고 있는 것이다. 특히 이른바 취업이 잘 되지 않는 비인기학과의 경우는 존폐위기에 내몰리고 있기 때문에 교수들은 신입생유치에 사활을 걸고 있으며, 그들의 학력 수준은 더욱더 떨어지고 있는 실정이다.

이처럼 학령인구의 감소로 인한 신입생 유치의 어려움과 학력수준의 저하는 입학 이후 교수들의 강의와 학생지도에서도 더 많은 지도를 요구하고 있다. 학과의 생존이 신입생 모집 여하에 달려 있으니 교수들은 '영업사원(?)'이 되어서 직접 고등학교를 방문하여 학과홍보를 하는 등 신입생 모집활동에 적극적인 관심을 가지지 않을 수 없는 상황이 되었다. 대학에 구조조정 칼바람이 불고 있는 상황에서 신입생 미충원은 곧 해당학과의 폐과를 의미하기 때문이다.

나아가 입학 이후에도 교수들의 행정적 업무는 계속되는데, 학력이 떨어지는 학사경고자에 대한 특별지도를 비롯하여 면학과 취업지도에 이르기까지 교수들의 관심과 지도를 기다리고 있는 곳이 한두 가지가 아니다. 이렇게 교수들의 해야 할 일들이 날로 가중되다 보니 연구를 위한 시간적 제약과 행정업무 스트레스도 가중된다. 따라서 학생들의 학력 수준이 낮은 대학에 재직하고 있는 교수일수록 신입생의 충원, 재학생 이탈방지, 졸업생들에 대한 취업지도 등 점차 가중되는 행정업무와 학생지도의 부담으로부터 벗어나기 위하여 서울지역이나 지방의 국립대학으로 자리를 옮기려고 한다.

지방대 교수의 부가적 책무

지방대학에 존재하는 이 '불편한 진실'은 왜 지방대 교수들이 서울지역의 교수들은 하지 않아도 될 '부가적 책임과 역할'이 필요한가를 잘 말해주고 있다. 물론 교수도 인간인 이상 욕심이 없는 것은 아니다. 내 개인적 이익과 학문적 성취를 위하여 가능하다면 좀 더 나은 환경의 대학으로 옮겨가고 싶고 가능하다면 부가적 책임으로부터 벗어나고 싶다.

그러나 다른 한편으로 생각해보면 교육자로서의 사명을 다하기 위하여 힘들어하는 제자들과 함께 동고동락(同苦同樂)을 할 수도 있다. 교수는 교육자로서 자신이 몸담고 있는 대학에 들어온 다소 부족하고 어려운 환경에 있는 제자들의 고통을 외면할 수는 없다. 세상에 이름이 알려지는 '폼 나는 일'에 나서는 교수보다 어려운 제자를 위하여 '힘 드는 일'을 하는 교수가 훨씬 더 가치 있는 '교육자의 삶'을 살아가는 것이라는 데에는 모두가 동의할 것이다. 교육자로서 교수는 따뜻한 양지(陽地)만을 찾아다니는 사람이 아니라 음지(陰地)에서도 소리 없이 노력하는 사람으로 살 때 더욱 큰 보람을 가지게 된다.

그 하나의 사례로서 강릉대 조명석 교수의 경우를 들 수 있다. 그의 저서 『강릉대 아이들, 미국 명문대학원을 점령하다』[11]에는 제자들의 장래를 위한 교육자로서의 사랑과 헌신이 잘 나타나 있다. 그는 서울은 고사하고 수도권 대학에도 못 들어가

---

11) 조명석, 『강릉대 아이들, 미국 명문대학원을 점령하다』, 파주: 김영사, 2007.

지방까지 밀려왔다는 학생들의 패배감, 한국의 학벌 위주 세태를 극복하고 제자들에게 '나도 할 수 있다'는 자신감과 꿈을 심어주기 위해 '미국 명문대학원 진학 프로젝트'를 추진하여 수십 명의 학생들을 미국의 명문대학원에 입학시켰으며, 이들은 졸업 후 귀국하여 대기업에 취업하거나 미국에서 박사과정에 진학하는 등 놀라운 성과를 거두었다.

이러한 학생들의 성공배경에는 조명석 교수를 중심으로 한 동료교수들의 헌신적인 노력이 뒷받침되었음은 물론이다. 유학에 필요한 어학능력을 갖추기 위하여 희망자들을 모아서 정규 수업이 끝난 후 별도로 무료 강의를 하는 동시에, 개개인의 진학에 필요한 구체적 준비사항을 점검하는 등 장기간 면밀한 지도를 계속하였기 때문이다. 이 학과의 교수들은 개인적으로 많은 시간과 노력이 요구되는 희생과 봉사인데도 불구하고 제자들을 위하여 참 교육자의 모습을 보여주었던 것이다.

나에게도 이와 유사한 '대학생 미래준비 프로젝트'가 있었다. 1998년 전국대학생 모의유엔대회의 참여를 계기로 '미래를 준비하는 사람들'이라는 슬로건으로 정치외교학과 취업준비동아리 CIS(Circle for International Studies)를 출범시켰던 것이다. 동아리 가입은 학생들의 자유의사였으나, 일단 가입 후에는 학습효과를 제고하기 위하여 무단결석자는 제명하는 등 회칙을 엄격히 적용하였다. 매주 개최되는 주례취업전략회의, 취업마인드 제고를 위한 관공서 및 기업체 방문, 토론을 통한 발표능력의 함양을 위한 전국대학생모의유엔회의 참가, 연 2회 정기

수련회 등 현재까지 21년 동안 400회의 모임을 계속해왔다. 그 결과 나의 지도를 받은 수많은 동아리 회원들이 공무원, 은행원, 공사 및 공단의 직원, 대학교 직원, 무역사무원, 스튜어디스 등 다양한 분야로 진출하여 열정적으로 활동하고 있다. 그리고 이제는 유망 직장으로 진출한 동아리 선배들이 학교를 방문하여 취업 특강이나 선배와의 대화 시간을 통하여 후배들에게 멘토 역할을 해주고 있다.

이처럼 지방대 교수들의 학생들에 대한 역할과 책임이 무겁지만, 제자들이 발전하고 꿈을 이루어가는 것을 지켜보는 기쁨도 역시 크다. 교수와 학생이 멘토와 멘티의 관계 속에서 그들의 꿈을 이루어가는 과정은 서울의 명문대 교수들이 절대로 느껴볼 수 없는 지방대 교수만의 기쁨이자 보람이다.

1. 봉사자로서의 교수

누구를 위한 봉사인가

교수는 자신의 전공분야에 대한 전문적 지식을 통하여 국가와 사회발전에 기여하는 봉사자의 역할을 수행할 수 있다. 나처럼 정치학을 전공한 학자는 한국의 정치와 외교가 나아가야 할 방향에 대한 조언을 해줄 수 있고, 경제학자는 한국경제의 문제점과 그 대안을 이론적으로 제시해줄 수도 있으며, 사회학자는 우리 사회의 병폐가 무엇인지를 심도 있게 진단하고 그 처방을 제공할 수 있다.

특히 인문사회과학 분야의 교수들은 사회정의 구현에 있어서 봉사자로서의 책임과 역할을 다해야 한다. 권력을 잡기 위해서 수단과 방법을 가리지 않는 정치인들, 정치권력과 유착된 재벌들, 권력 해바라기가 된 판·검사들, '외눈박이'가 된 언론 등에게는 이제 더 이상 기대를 걸 수 없는 현실이다. 따라서 지식인으로서 교수들이라도 '최후의 보루'를 지킨다는 각오를 다지면서 올바른 목소리를 내어야 한다.

그러나 모든 교수들이 자신의 전문지식을 공동체의 대의(大義)를 위해서 올바른 목소리를 내고 있는 것은 아니다. 돈과 권력을 위해서 정치권력자의 주구(走狗) 노릇을 하는 어용교수나 정치교수들, 즉 이른바 '폴리페서'의 주된 관심은 공동체의 대의에 있는 것이 아니라 자신의 개인적 영달에 있기 때문이다. 또한 일부 교수들은 정부·지방자치단체·기업·기관·협회 등을 기웃거리며 연구비 수주를 위하여 비즈니스맨 못지않게 사교행각을 벌이고 있다. 자신이 1년 동안 수령하는 연구비 수입이 대학에서 받는 연봉보다 많다고 '돈 자랑하고 다니는 교수들'이 과연 학생들의 교육에도 그만큼 열정을 기울이고 있는지 의문이다.

물론 교수도 생활인으로서 돈이 필요하고 인간으로서 권력에 대한 욕망이 없는 것은 아니다. 그럼에도 불구하고 우리 사회가 최후의 보루로서 교수들에게 기대를 거는 이유는 그들이 지식인이고 사회를 지도하는 위치에 있기 때문이다. 교수는 '세상의 변화에 이끌려가기보다는 세상의 변화를 이끌어가야 하는 존재'인 것이다. 또한 교수는 돈이나 권력은 없지만 안락한 연구환경에서 지식인의 명예를 가지고 살아가는 사람들이다. 세계 최고의 하버드대학 정교수의 보수는 로스쿨을 갓 졸업한 풋내기 변호사의 연봉과 비슷한 수준이지만 하버드 교수들은 만족하고 있다. 그 이유는 '복종할 상사도 없는 아름다운 캠퍼스에서 읽고 싶은 책을 마음대로 읽으면서 봉급도 받는 대학생활의 즐거운 특권'을 가지고 있기 때문이라는 것이다.[1] 또한 그들에게는 돈이나 권력에 비교할 수 없을 정도로 지식으로 세계를 이끌어가고 있다는 자부심이 매우 크다.

이러한 서양의 '노블레스 오블리주', 즉 '귀족성(돈·권력·명예 등을 가진 자)은 도덕적 의무를 가진다'는 정신은 우리의 '선비정신'에 비유될 수 있다. 전통사회에서 선비정신에 투철하였던 '남명(南冥) 조식(曺植)'[2]은 목숨을 걸고 임금에게 '을묘사직소(乙卯辭職疏)'를 올렸으며, 상해임시정부 초대국무령을 지낸 '석주(石洲) 이상룡(李相龍)'[3]은 모든 재산을 팔아서 가족들을 데리고 서간도로 망명하여 죽는 날까지 조국의 독립운동에 헌신하였다. 이처럼 지식인은 시대와 환경을 탓할 것 없이 무거운 사회적 책임을 져야 하는 존재이다. 따라서 오늘날 우리 사회에서 지식인으로서의 교수는 자기 자신을 위해서가 아니라 국가와 사회공동체를 위해서 선비정신을 실천하는 것이 마땅하다.

---

1) 이광주, 『대학의 역사』, 서울: 살림출판사, 2013, p.37.
2) 남명 조식의 선비정신에 대한 구체적인 내용은 변창구, "남명 조식의 선비정신과 출처관", 『민족사상』, 제7권 제2호, 한국민족사상학회, 2013, pp.213~236 참조.
3) 석주 이상룡의 선비정신에 대한 구체적 내용은 "석주 이상룡의 선비정신과 구국운동", 『민족사상』, 제8권 제1호, 한국민족사상학회, 2014, pp.81~110 참조.

어떻게 봉사할 것인가

교수들이 사회에 봉사하는 형태는 크게 두 가지로 나누어볼 수 있는데, 그 하나는 직접참여의 형태로서 정치참여, 사회운동, 자문위원 등과 같은 방식으로 나타나고 있고, 다른 하나는 간접참여의 형태로서 사회교육이나 특강, 방송출연이나 신문투고, 심사활동 등과 같은 방식으로 나타나고 있다.

먼저 직접적인 참여를 통한 봉사의 경우 교수는 자신의 전문지식을 현실에 접목해서 실험해볼 수 있다는 점에 그 의의가 있다. 일반적으로 직접참여의 경우 교수가 지닌 전문지식을 반영할 수 있는 기회와 가능성은 전공학문의 성격에 따라서 차이는 있겠으나 간접참여의 경우보다 낮다고 할 수 있다. 정치학 교수의 경우 청와대 수석이나 장관 또는 국회의원 등으로 현실정치에 참여하는 경우가 있는데, 이때는 직접적으로 정책의 수립과 집행과정에 개입함으로써 일정한 영향력을 행사할 수 있다. 물론 그 영향력의 정도는 직책을 맡은 교수 본인의 능력이나 재임기간에 따라서 달라질 것이다.

반면에 교수의 사회봉사가 직접적 참여형태로 이루어질 경우, 여기에 수반하는 문제점 또한 적지 않다. 무엇보다도 교수는 재직하고 있는 대학에 휴직하게 됨으로써 학생들은 임시적으로 외래교수의 강의에 의존할 수밖에 없다. 해당교수가 언제 대학으로 복귀할 수 있을지를 예상하기 어렵기 때문에 돌아올 때까지 시간강사들로 대체하게 된다. 평생을 대학교수로서 오직 한길만을 걷는 교수의 강의를 듣는 학생들과 일시적으로 채용된 강사의 강의를 듣는 학생들과의 차이가 어디에 있는지를 짐작하는 것은 어렵지 않다. 더욱이 정치에 참여했다가 후일 캠퍼스로 돌아온 교수가 '권력의 맛'을 잊어버리고 연구하지 못했던 공백 기간에도 불구하고 훌륭한 강의를 다시 할 수 있을 것으로 기대하기는 어렵다. 일반적으로 한번 정치판에 발을 들여놓아서 '권력의 맛을 본 교수'는 다시 대학으로 돌아와도 '마음은 언제나 콩밭'에 가 있기 때문이다.

한편 교수의 대외적 봉사가 간접적 형태로 이루어질 경우에는 그의 전문지식을 전파할 수 있는 영향력은 상대적으로 떨어지겠지만 학생들에 대한 피해는 거의 없다는 점이 장점이다. 교수들이 외부 강연이나 자문회의, 심사활동 등의 봉사활동을 할 경우에는 강의가 없는 날을 선택해서 할 것이기 때문에 결강으로 인한 학생들의 피해가 없다. 또한 교수가 신문에 칼럼을 써서 여론을 조성하고자 할 경우에는 수업에 전혀 지장이 없을 뿐만 아니라, 오히려 게재된 칼럼을 학생들의 전공분야의 참고자료로도 활용할 수 있다. 따라서 학생들의 입장에서 볼 때 교수의 사회봉사활동은 수업에 문제를 초래할 수 있는 직접적 참여보다는 수업에 도움을 줄 수 있는 간접적 참여형태가 더욱 바람직하다고 할 수 있다. 결국 교수의 대외적 봉사라는 명분으로 이루어지고 있는 다양한 형태의 직·간접적인 참여가 지니는 의의와 가치는 교수들 각자의 양심과 지식인으로서의 자세가 어떠한가에 달려 있다고 하겠다.

2. 폴리페서(polifessor)는 가라

폴리페서는 어떤 교수인가

돈이나 권력에 대한 유혹은 교수라고 해서 예외는 아니다. 그러나 교수가 추구해야 할 가치는 돈이나 권력이 아니라는 점은 분명하다. 돈을 벌려면 경영인이 되었어야 할 것이며, 권력을 갖고 싶었다면 정당생활을 통하여 정치인이 되었어야 할 것이다.

그럼에도 불구하고 대학에 있으면서도 항상 정치권에 다리를 걸치고 있는 교수들이 있다. 이들은 평소에도 정치인들과의 교류가 많을 뿐만 아니라 '정치의 계절'이 되면 휴강까지 하면서 권력실세를 따라다닌다. 교수라는 신분을 바탕으로 정치권력을 얻기 위해 교수의 본분을 망각하는 사람들이다. 교수라는 신분은 오직 정치권력에 접근하기 위한 출세의 징검다리에 지나지 않는다. 언론에서는 '학술면'이 아니라 '정치면'에 이름이 오르내리고, 잘못된 정치판을 바로잡아야 할 지성들이 오히려 정치판에 끼어달라고 부탁하고 다닌다. 이들이 바로 '폴리페서'들이다.

폴리페서들이 늘어놓는 궤변은 대체로 유사하다. 그들은 자신의 전문지식을 현실에 적용함으로써 보다 나은 사회를 만들어가는 데 기여한다고 강변한다. 물론 교수도 자신의 전문지식을 활용하여 관계부처의 장관이나 국회의원으로 활동할 수 있다. 그러나 이것이 정당화되려면 전제조건이 있다. 교수의 정치참여는 연구와 교육에 전념해야 할 교육자로서는 일탈행위이기 때문에 그가 속한 대학과 학생들을 위해서 분명한 신분정리, 즉 사직을 한 연후에 정치를 하는 것이 마땅하다. 선출직에 출마했다가 떨어지면 다시 대학으로 돌아오는 교수들로 인한 피해는 고스란히 학생들이 입게 되기 때문이다. 또한 임명직의 경우에도 폴리페서들의 관심은 연구와 교육이 아니라 언제나 정치권력에 있기 때문에 문제이다.

더욱이 폴리페서들은 대부분 학자의 양심을 버리는 경우가 많다. 교수로서 사실에 대한 객관적 인식과 평가를 위해 노력하기보다는 권력을 얻기 위하여 권력자들에게 아첨하고 '어용적 궤변'을 늘어놓는 것이 보통이다. 지식인이라는 교수가 양심을 버리고 권력자의 입맛에 맞는 '지식 부역(附逆)'을 하면서도 부끄러움을 모르고 있다. 심지어 이러한 폴리페서들은 학생들까지 정치판에 끌어들여서 이용하다가 마침내 들통이 나서 교수직에서 추방되는 경우도 없지 않다. '정치인의 선거판에 제자들을 동원한 교수들이 구속되었다는 신문기사'[4]는 오늘날 병들어가는 교수사회의 한 단면을 잘 보여주고 있다.

이처럼 '권력 해바라기'가 되어서 정치의 계절만 오면 정치권을 기웃거리는 폴리페서들은 현실정치에서 최고의 권력을 누렸던 노무현 전 대통령의 다음과 같은 회한(悔恨)을 새겨들을 필요가 있다. 그는 대통령 퇴임 후 고향으로 내려와 아끼는 지인들에게 '정치는 얻을 수 있는 것에 비해 잃어야 하는 것이

---

4)『조선일보』, 2017년 5월 16일.

너무 크기 때문에 정치하지 마라'고 만류한다면서 다음과 같이 말하였다.

> "정치를 하는 목적이 권세나 명성을 좇아서 하는 것이라면 어느 정도 성공할 수 있을 것이다. 그래도 성공을 위해 쏟아야 하는 노력과 감수해야 하는 부담을 생각하면 권세와 명성은 실속이 없고 그나마 너무 짧다. … 이웃과 공동체, 그리고 역사를 위하여, 가치 있는 뭔가를 이루고자 정치에 뛰어든 사람이라면, 한참 지나고 나서 그가 이룬 결과가 생각보다 보잘것없다는 것을 발견하게 될 것이다. 열심히 싸우고, 허물고, 쌓아올리면서 긴 세월을 달려왔지만, 그 흔적은 희미하고, 또렷하게 남아 있는 것은 실패의 기록뿐, 우리가 추구하던 목표는 그냥 저 멀리 있을 뿐이다. 정치인은 거짓말, 정치자금, 사생활 검증, 이전투구, 고독과 가난의 수렁을 지나가야 하는 것이다. … 나는 지옥 같은 터널을 겨우 지나왔지만 남은 사람들의 처지를 안타깝게 생각한다."[5]

폴리페서들의 천국, 한국

사회학자인 전상인 교수는 오늘날 우리나라 지식인사회는 하루가 다르게 무너져 내린다고 하면서 다음과 같이 지적하고 있다.

> "폴리페서가 너무 많아졌다. 지난 대선의 경우 수천 명이 선거 캠프에 가담할 정도가 되었다. … 교수들에게 선거란 일종의 '장날'이 된 셈이다. … 최근 선거캠프에 지방대 교수가 특히 많이 몰리는 것은 신입생모집이 구조적으로 여의치 않은 상황에서 비롯된 개인적 생존전략의 측면도 없지 않다. … 자신의 신념이나 양심과 상관없이 대세나 유행부터 살피는 '여론 맞춤형' 지식인들이 확연히 늘었다. '예능 지식인'의 범람은 마치 악화가 양화를 좇아내는 모양새다."[6]

---

5) 『경향신문』, 2009년 3월 5일.
6) 전상인, "병든 지식인의 사회", 『조선일보』, 2017년 10월 21일.

이것은 오늘날 우리나라 교수사회에 대한 정확한 지적이다. 교수들은 너와 나 할 것 없이 서로 경쟁하듯 앞다투어 선거캠프에 기웃거리면서 교수 본연의 책무를 잊어버리고 있다. '폴리페서들의 행태에 대한 언론의 보도'를 보면 그들이 교수이기를 포기한 사람이라는 사실을 확실히 알 수 있다.

<폴리페서들을 비판하는 언론 보도>

기 사 제 목	게재신문	게재일자
폴리페서의 멸종조건	국민일보	2018. 10. 1
한국, 폴리페서들의 천국	한국일보	2018. 1. 2
폴리페서는 많고 진정한 연구자는 소수	한국경제	2018. 2. 12
폴리페서가 대학을 망친다	중앙일보	2017. 3. 16
폴리페서의 숙명은 정치철새 교수일까	연합뉴스	2017. 3. 23
청와대 폴리페서	동아일보	2017. 5. 13
폴리페서, 정치적 욕망을 어이할꼬?	한국경제메거진	2017. 4. 19
학생 동원한 폴리페서와 민주당의 실망스런 인식	국민일보	2017. 3. 27
5년 대선마다 반복되는 '폴리페서' 줄 서기	서울신문	2017. 3. 17
'폴리페서 프리존법' 절실하다	문화일보	2017. 4. 25
폴리페서는 제자리로 돌아와라	강원도민일보	2017. 10. 18
국정논단과 폴리페서	교수신문	2016. 11. 28
문재인 캠프만 폴리페서 1,000명...정치철새들이 사는 법	조선 PUB	2017. 3. 30

이뿐만 아니라 폴리페서들은 TV에 출연하여 자신의 몸값을 올리려 애쓴다. 특정 정당이나 방송사의 성향에 맞추어 토론에 참여하거나 소위 전문가(?)의 의견을 주장함으로써 정치권력과 밀착하려고 한다. 이들에게 학자의 양심을 주문하는 것은 애초부터 불가능한 일이다. 이들은 대중을 그럴듯하게 설득시키려고 하지만 사실은 자신의 '지식을 팔아서 권력을 사는 사이비

지식인이요 궤변론자'에 불과하다. 학문을 탐구하여 정치인들을 지도해야 할 지성들이 그들에게 곁을 주는 것도 모자라서 아예 정치판에 끼어달라고 부탁을 하고 있으니 말문이 막힐 뿐이다.

철학자인 김혜숙 교수는 오늘날 한국교수사회의 문제점, 특히 폴리페서들의 문제에 대해서 다음과 같이 말하면서 교수 본연의 자세가 무엇인지를 잘 지적하고 있다.

> "돈의 부역자, 권력의 부역자가 된 교수들을 보면서 피폐해지고 쪼그라진 우리 직업의 모습을 본다. 교수란 무엇을 하는 사람들이며 무엇을 위해 살아가는가? ... 교수는 학생들을 마주하고 그들에게 인간과 사회에 중요한 것, 바람직한 것, 사실인 것, 진리인 것을 가르치는 사람들이다. 그들은 결코 상인이 될 수 없고 정치꾼이 될 수 없고 거간꾼이 될 수 없다."[7]

우리나라 사학 명문대에 재직하고 있는 김교수가 경험한 명문대학의 실상이다. 정치권력과 결탁하여 스스로 비리를 저지르고도 모두가 대학의 발전을 위해서 한 일이라고 강변하는 총장과 교수들의 행태에서 '우리나라 대학의 슬픈 자화상'을 보게 된다. 정상적인 것과 비정상적인 것이 역전되어 강변되는 '우리나라 대학과 교수사회의 비정상의 정상화 주장'은 매우 심각한 수준이다.

사회학자인 송복 교수는 인간사회에서 누구나 열망하고 추구하는 사회적 희소가치로서 권력(power), 재산(property), 위신

---

7) 김혜숙, 앞의 글, 『교수신문』, 2016년 12월 26일.

(prestige) 등 세 가지를 들고 사람들은 이 가운데 하나만 추구하는 '사회적 삼권분립'을 주장하였다. 특히 학자·교육자·언론인처럼 위신이 높은 사람은 권력과 재산 어느 것도 추구해서는 안 된다고 하였다.[8] 연구와 교육의 가치를 최상으로 여기면서 살아야 할 교수가 만약 '정치인의 권력 가치'나 '기업인의 금력 가치'를 추구하게 된다면 결코 성공할 수는 없을 뿐만 아니라 교수로서의 본연의 책무를 소홀히 할 수밖에 없기 때문이다.

이러한 논점은 보수적 성향의 학자뿐만 아니라 진보적 성향의 학자에서도 공통적으로 지적되고 있다. 한때 진보정권에서 대통령자문정책기획위원장을 맡았던 최장집 교수도 '학자는 공정한 심판관'이 되어야 한다고 주장하면서 교수의 현실정치에 대한 참여효과는 부정적이거나 매우 미미할 뿐이라고 하였다. 그는 한 사람의 지식인, 학자가 이데올로기적 양극화와 정치이데올로기화를 특징으로 한 한국정치현실에 참여하는 것이 가져오는 결과는 그에게 어떤 명성이나 영향력, 권력을 가져다줄지는 몰라도 그것의 결과는 부정적인 것이거나 매우 미미한 것에 지나지 않는다고 하였다. 따라서 학자가 정치적으로 자율적이고 독립적인 자세를 견지하면서 학문적 탐구에 전념하고 헌신하는 것이 현실정치에 참여하는 것보다 바람직한 것은 정치·경제·사회와 같은 다른 영역에 대한 학문의 역할을 강화하는데 기여하고, 학문의 효과와 지식의 확대를 통해 사회에서의

---

8) 송복, 앞의 책, pp.83~84.

이성적 논의와 판단의 지평을 확대하고, 공적 판단을 도울 수 있는 '공정한 심판자이자 교육자'로서의 사회적 역할을 증진하고 그 역할에 권위를 부여하는 데 기여할 수 있기 때문이라고 강조한다.[9] 이는 흔히 폴리페서들이 정치참여의 명분으로 주장하는 '행동하는 양심' 또는 '실천적 지식인'이라는 자기합리화의 논리가 오늘날의 한국정치현실에서는 사실상 별로 설득력이 없다는 것을 말해주고 있다.

시대의 스승, '김준엽' 교수

우리의 역사에서도 교수의 '노블레스 오블리주', 즉 지식인으로서 도덕적 책임과 의무를 다하고자 하였던 시대의 스승들이 있었다. 고려대학교 사학과 교수로서 총장을 역임한 '김준엽'[10]은 군사정권 아래에서 데모학생들을 제적하라는 정권의 압력을 거절하다가 총장 임기를 다 채우지 못하고 강제 퇴임하였다. 이뿐만 아니라 막강한 권력을 주겠다는 군사정권의 유혹을 단호히 거절하고 교수로서의 품위를 잃지 않았다는 점에서 '시대의 스승'이자 '교수의 참모습'을 행동으로 보여주었다.

1984년 11월 당시 고려대·연세대·성균관대 등 3개 대학교

---

9) 최장집, "학자는 '공정한 심판관', '참여적 관찰자' 역할 해야", 『교수신문』, 2014년 2월 18일.

10) 김준엽(金俊燁, 1920. 8. 26.~2011. 6. 7.) 전 고려대 총장은 일제 강점기 때 학병으로 징집됐다가 탈출해서 광복군에 투신한 독립투사일 뿐만 아니라, 해방 이후 국내에 중국학의 문을 연 '시대의 스승'이었다. 군사정권의 거듭된 유혹과 압력에도 불구하고 학자이자 교육자로서 절개를 지킨 그는 생전에 '살아 있는 지성의 상징'으로 널리 칭송받은 인물이다.

학생 260여 명이 민주화를 요구하며 민정당사 점거 농성을 벌이다가 연행된 일이 있었다. 김 전 총장은 학생들을 제적하라는 전두환 정권의 압박에 맞서 눈 하나 꿈쩍 않고 버텼다. 온몸으로 학생들을 지켜야 한다는 의지뿐이었다고 한다. 다른 교수들과 학생들에 대한 조치를 논의하는 자리에서 교수들이 밥을 먹는 모습을 보고는 상을 내리치며 화를 냈다고 한다. 학생들을 제적시키는 것은 사회적으로 사형을 시키는 것이나 마찬가지인데, 지금 제자들의 죽음 앞에서 밥이 넘어가느냐는 질책이 이어졌다. 김준엽 총장은 그 자리에서 끝까지 숟가락을 들지 않았다.[11]

이뿐만 아니라 박정희 정권에서는 통일부장관을 제안하였으나 이를 받아들이지 않았으며, 노태우 정권에서는 국무총리를 맡아달라는 간청도 거절하였는데, 청와대의 간청과 유혹이 계속되자 그는 거절하는 이유를 다음과 같이 말하였다.

> "나는 교육자다. 우리 제자들이 민주화를 외치다가 많이 잡혀갔고, 고문을 당해 죽기도 했고, 성고문까지 당했는데, 교육자라는 교수가 어떻게 이런 정권에 들어가 협력할 수 있겠는가. … 지식인들이 벼슬이라면 모든 것을 내던지고 뛰어들어 굽실굽실하는 한심스러운 풍토를 고쳐야 한다. 나 하나만이라도 그렇지 않다는 걸 보여주겠다."[12]

이처럼 그는 국무총리를 비롯하여 모든 자리를 끝내 고사하였다. 일제에 대항하여 독립운동에 헌신하였던 투사답게 군사

---

11) 『아시아경제』, 2011년 6월 8일.
12) http://2kim.idomin.com/2942(검색일: 2018. 4. 17).

정권의 위협과 압력에도 굴하지 않았을 뿐만 아니라, 정치권력이라는 개인의 이익을 위해서 교육자로서 교수의 책무를 버릴 수 없다는 확고한 신념은 오늘날 돈과 권력 앞에 힘없이 무너져 내리고 있는 교수사회에 커다란 울림을 주고 있다. 그의 일화는 '교수는 무엇으로 살아야 하는 사람들인가'를 잘 가르쳐 주고 있다. 교육자는 교육자다울 때 비로소 학생들에게 제대로 된 교육을 할 수 있는 것이다.

정치권력과 거리 두기

정치학 교수로서 수십 년을 대학에 재직하다 보면 별의별 일들이 다 일어난다. 특히 나의 전공이 정치학이다 보니 학술회의나 학술포럼 등 다양한 행사들에 발제나 토론으로 참여하는 정치인들과 접촉할 기회가 많았다. 또한 대학의 동기들 가운데도 국회의원이나 시장으로 활동하는 정치인들이 있었을 뿐만 아니라, 석사 또는 박사과정의 제자들 중에도 정치활동을 하는 사람들이 적지 않았다. 게다가 대학의 동기들 중에는 우리나라 메이저 신문사의 사장·부사장·편집국장도 있고 통신사의 사장도 있었다.

이러한 지인들 중에는 나를 정치인으로 성장시키고 싶었던 사람도 없지 않았다. 물론 그들의 의도는 선의였으나 나는 그로 인하여 적지 않은 곤욕을 치러야 했다. 한번은 퇴근하고 집에 있는데 전화가 걸려왔다. 자신을 모 정당의 간부라고 소개한 후 "교수님을 이번 국회의원 보궐선거에서 우리 당의 후보자로 모시고자 하는데 직접 찾아뵙고 의논을 했으면 좋겠다"는 것이었다. 전화를 듣고 있던 아내는 그 내용이 대충 무엇인지를 짐작한 듯 전화가 끝나자 걱정스러운 눈빛으로 나에게 "나는 당신의 출마를 원하지 않는다."고 먼저 대못을 박았다. 내가 웃으면서 나도 출마할 의사가 전혀 없으니 걱정할 필요가 없다고 안심을 시켰다.

한번은 당시 집권여당의 중앙당 B국장이라면서 전화가 걸려왔다. "교수님을 우리 당의 00위원회 위원으로 모시게 되어서 연락드리게 되었다"는 것이다. 나는 무슨 영문인지 알 수가 없어서 "내가 이해할 수 있도록 설명을 해달라"고 부탁하니, "우리 당의 S의원이 교수님을 추천하였으며, 당 대표의 재가를 받아서 선임되었음을 알려드리게 되었다"는 것이었다. 나는 그에게 "S의원이 직접 나에게 의사를 물은 적이 없으니 나는 맡을 수가 없다"고 거절하였다. 후에 S의원에게 항의를 하니 자기는 K대학교의 Y교수처럼 나도 당연히 고맙게 생각하면서 맡아줄 것으로 생각했다는 것이었다. 그는 나의 의사를 묻지 않고 추천하여 죄송하다고 사과는 하였으나 그의 표정을 보니 "좋은 자리 추천해주었는데 고맙다는 인사는 못할망정 나를 나무라다니 참 별난 교수"라고 말하는 것 같았다.

더욱 미안하였던 것은 대학동기인 K의원이 집권당의 '00위원회의 위원장'을 맡고 있었을 때였다. 이 위원회의 목적은 당

차원에서 정부에 통일안보정책을 뒷받침하는 것이었다. 아마도 K의원은 나와 가까운 친구 사이였기 때문에 많은 교수들 중에서 나를 집권여당의 00위원으로 배려해준 것이었다고 생각한다. 그러나 나는 교수로서 지금까지 고수해왔던 하나의 원칙, 즉 "여당이건 야당이건 간에 특정 정당에서 운영하는 위원회에는 참여하지 않는다."는 이유로 역시 거절하였다. 그러면서 나는 K의원에게 "자네의 뜻은 매우 고맙게 생각하지만 교수로서 내가 추구하고 있는 가치관을 이해해 달라"고 하면서 그 대신 "내가 개인적 차원에서 자네의 자문에는 언제든지 응하겠다."고 하였다. 아마도 K의원은 내가 정치권력과 밀착되는 것을 매우 경계하고 있음을 충분히 짐작하였을 것이다.

그 밖에도 아주 가까운 대학 후배가 도지사에 출마하면서 언론에 추천의 글을 부탁했으나 정치적 개입가능성 때문에 거절하였고, 언론사 사장을 맡고 있는 친구가 모 종편 TV에 고정 패널리스트로 출연을 제의하였으나 역시 사양하였다. 40년 가까이 정치학교수로서 여러 학회의 학회장이나 고문을 맡는 등 학계의 경륜이 늘어날수록 정치권의 유혹도 역시 더 많았던 것 같다.

이처럼 나는 교수로서 정치권력에 가까이 가지 않기 위하여 매우 조심스럽게 살아왔다. 나는 학문으로서의 정치권력을 연구하는 정치학자이지만 교수생활에 방해를 받지 않기 위하여 내 나름대로 세운 원칙이 있다. 그것은 바로 교수의 역할과 책임에 부합하는가의 여부이다. 교수의 사명에 부합한다면 수용할 것이지만 그렇지 않다면 단호히 거부한다는 것이다. 예를 들어서 국제정치 전문가로서 자문위원이 되어서 정책결정과정에 조언을 할 수 있지만, 스스로 정치인이나 외교관이 되거나 또는 되기 위해서 정치권과 밀착하는 것은 단호히 거절한다는 것이다. 그 이유는 '교수는 교수다운 역할을 할 때 가장 빛나는 것'이지 교수가 정치인의 흉내를 내거나 권력과 밀착하게 되면 교수 본연의 사명을 다할 수 없어서 세인의 웃음거리밖에 되지 않기 때문이다. 가장 아름다운 선진사회란 '구성원 각자가 맡은 바 영역에서 충실하게 일하는 것'이라고 할 수 있다.

교수는 연구와 교육, 학생지도 등 교수의 직접적 업무에 책임을 다하는 것만으로도 쉽지 않은 것이 사실인데, 권력과 밀착하여 폴리페서가 되면 교수 본연의 직무를 소홀히 할 수밖에 없고 정치권력 앞에서 '곡학아세(曲學阿世)'를 하게 된다. 물론 정치학을 전공하는 교수도 정치인이 될 수 있다. 그러나 이 경우에 교수직을 그대로 가지고 정치를 해서는 안 된다는 것이 나의 생각이다. 그 이유는 교수로서의 본업을 제대로 수행할 수가 없기 때문이다. 정치의 계절이 오면 수천 명의 교수들이 대선 캠프에 참여하거나 총선에 직접 출마하기도 한다. 출마의 경우에는 대부분의 교수들이 휴직을 하거나 외부강사로 대체 강의를 한다. 낙선하면 아무 일 없었던 것처럼 다시 돌아와 강의를 한다. 강의가 부실해질 수밖에 없는 이유이다.

교수는 '할 수 있는 일'과 '해서는 안 될 일'을 명확히 구분할 줄 알아야 한다. 교수는 자신의 전문지식을 가지고 국가정책에 조언을 해줄 수는 있지만 특정 정당이나 그 외곽조직에 소속되어 그 당의 정책을 합리화하는 '이론적 하수인'이 되어서는 안 된다. 전문가로서의 조언에 있어서 '정상적인 교수'와 '폴리페서'의 차이는 무엇인가? 전자는 국가와 국민이라는 대의를 위해서 전문가로서의 조언을 하는 반면, 후자는 특정의 정당이나 정파의 정책을 합리화하는 데 교수의 이론이 사용된다는 것이다. 바로 이러한 이유 때문에 나는 집권당의 OO위원회 위원을 단호히 거절하였다.

이처럼 우리 사회는 교수들을 잠시도 가만히 내버려두지 않는다. 실제로 정부·정당·기업·언론·시민단체 등을 막론하고 교수의 지원 없이 제대로 굴러가는 단체를 찾아보기 어렵다. 그만큼 우리 사회는 교수들의 참여를 지나치게 요구하고 있으며, 이러한 분위기 속에서 교수들은 부지불식간에 '자신의 역할을 필요와 분수 이상으로 자임하는 경향'이 있다. 지식인의 사회참여는 필요하지만 이것은 어디까지나 간접적이고 부분적이어야 한다. 만약 참여가 직접적이고 전체적이라면 지식인의 책임 역시 무제한적이어야 한다.13) 따라서 교수의 사회봉사는 정치권력과 일정한 거리를 둔다는 원칙 위에서 선별적으로 이루어지는 것이 바람직하다. 교수의 역할이 단순한 조언을 하는 것인가 아니면 특정의 정파나 그룹에 내가 소속되는 것인가를 엄격히 구분하여 참가여부를 결정하여야 한다. 교수가 사회

---

13) 전상인, 『우리 시대의 지식인을 말한다』, 서울: 에코리브르, 2006, p.111.

봉사에 대한 아무런 원칙이나 기준도 없이 개인적 이해관계에 따라서 불러주는 곳이라면 어디든지 간다면 그의 교수생활이 어떠할 것인지는 물어볼 필요도 없을 것이다.

'무소의 뿔'처럼 혼자서 가라

부처님은 주변의 무리가 향기롭지 않을 때는 함께하지 말고 차라리 '무소의 뿔처럼 혼자서 가라'고 하였다. 교수도 때로는 혼자서 '교수는 무엇으로 사는가'를 진지하게 생각하고 지난날을 반성해볼 필요가 있다. 이러한 자세는 '교수답지 못한 교수들이 잘못된 길인지도 모르고 으스대면서 가고 있는 길'에서 오염되지 않는 방법이다.

최근 우리나라의 교수사회에서는 '악화가 양화를 구축'하는 현상이 일어나고 있다. 대선이나 총선 캠프에 참여하여 정치권력자의 주구(走狗) 노릇을 한 공(?)을 인정받아서 청와대 수석이나 장관, 국회의원 등으로 발탁되는 폴리페서들은 자신을 유능한 교수라고 생각하는 반면, 정치권에 곁눈질하지 않고 오직 대학에서 학문연구와 제자양성에 전념하고 있는 올곧은 교수들은 무능한 교수인 것처럼 평가절하하고 있기 때문이다.

미국의 버락 오바마(Barack Obama) 전 대통령은 한때 시카고대학에서 헌법을 가르쳤던 교수(1992~2004)였다. 그는 상원의원에 도전함과 동시에 대학에 사표를 제출하였다. 이는 한국의 경우 국회의원에 당선되고도 휴직상태로 교수직을 그대로 유지하는 폴리페서들과 커다란 대조를 이루고 있다. 법을 어기지는 않았다고 강변하면서 '양손에 떡을 쥐고 어느 것도 놓치고 싶지 않다는 교수들의 욕심'은 매우 낯 뜨거운 일이다. 교수는 법만 어기지 않으면 괜찮은 신분이 아니라 교육자로서 도덕적 기준에서도 벗어나서는 안 되는 사람이기 때문이다.

그렇다면 왜 폴리페서들이 유독 한국에서 판을 치고 있는가? 그것은 "한국 학계에서 국가권력은 견제의 대상이라기보다는 너무나 친근한 유착의 대상이기 때문"[14]이라는 것이다. 권력자들은 비교적 깨끗한 이미지를 가지고 있는 교수들을 정치에 활용할 수 있고, 교수들은 정치권력을 가질 수 있다는 점에서 이해관계가 일치되고 있는 것이다. 그 결과 국가공무원법상 공무원은 정치참여가 엄격히 금지되어 있으나 오직 교수만은 예외를 인정하여 폴리페서들에게 길을 열어주고 있다. 따라서 교수들도 현직에 있으면서 정치활동을 하는 데에는 일정한 규제를 가함으로써 교수 본연의 길에서 벗어나는 자가 오히려 큰소리치는 모순이 일어나지 않도록 법적으로 제도화할 필요가 있다.

---

14) 박노자, 앞의 글, 『한겨레』, 2018년 1월 3일.

3. 여론형성자로서의 교수

여론형성을 어떻게 할 것인가

교수는 전문지식을 가지고 있다는 점에서 자신의 분야에서 전문가라고 할 수 있다. 특히 인문사회과학 분야의 교수들은 인간의 삶과 사회문제들에 대한 전문지식으로서 여론형성자(opinion maker)의 역할을 수행한다. 이른바 문사철(文史哲)이라고 하는 문학·역사·철학을 연구하는 인문학자들은 물질만능주의 풍토 속에서 피폐해져가는 인간성 회복과 행복한 삶의 세계로 안내해줄 수 있을 것이다. 또한 사회적 생존공간에 벌어지고 있는 정치·경제·사회적 이슈들을 연구하고 있는 사회과학자들은 문제점이 무엇인지를 규명하고 그 처방을 제시해줄 수 있을 것이다.

다만 이 경우에도 교수들은 스스로를 경계해야 할 점이 있다. 전문가로서 보편적으로 납득할 수 있는 분석이나 처방이 아니라 자신의 독단적 가치관·종교관·정치관 등 특정의 프레임(frame)을 가지고 분석·설명·처방을 해서는 안 된다. 특히 교수들이 정치권력을 탐하게 되면 폴리페서가 되어 특정 정파에 치우친 이론과 논리를 동원하여 합리화하게 된다. 따라서 폴리페서들이 여론에 개입할 경우에는 이슈에 대한 객관적 논의보다는 그의 정치적 이념과 이해관계에 따라 문제를 왜곡해서 인식, 평가함으로써 여론 형성자로서의 올바른 역할을 기대하기가 어렵다. 특정의 프레임에 갇혀서 문제의 본질을 왜곡하는 폴리페서들은 국민들의 정당한 여론형성을 가로막는 배신자일 뿐이다.

따라서 전문지식인이자 여론형성자로서의 교수는 가능한 한 자신을 객관화하려고 노력하는 자세가 요구된다. 교수도 각자 나름대로의 가치관·종교관·세계관을 가지고 있기 때문에 비록 폴리페서가 아니라고 하더라도 어느 정도의 주관적 인식과 해석은 불가피하기 때문이다. 가능한 한 현상의 분석과 해석에서는 사실(fact)과 가치(value)를 분리하고 그 처방에 있어서는 국가사회가 당연히 나아가야 할 공동체의 추구가치를 모색하는 것이 여론형성자로서의 교수가 지녀야 할 자세가 아닌가 생각한다.

'예능 지식인'들의 문제점

최근 우려되는 현상 가운데 하나는 여론형성자로서 올바른 역할을 수행해야 할 지식인들이 세상의 유행과 대세에 편승하여 인기에 영합하는 예능지식인들이 늘어나고 있다는 사실이다. TV에 출연하는 예능 지식인들을 살펴보면 교수를 비롯하여 정치인·의사·기자 등 거의 모든 전문분야의 지식인들을 망라하고 있다.

물론 이러한 지식인들이 전문지식을 대중매체를 통해서 알기 쉽게 일반 대중들에게 알려준다는 점에서 긍정적인 측면이 없는 것은 아니다. 일반 국민들의 입장에서는 접근하기 어려운 전문지식을 방송매체를 통해서 쉽게 접할 수 있고, 쟁점이 되고 있는 사회적 문제들의 논점을 좀 더 정확히 이해할 수 있다는 점에서 예능 지식인들의 기여를 전적으로 부정할 수는 없다.

그럼에도 불구하고 예능지식인들은 많은 문제점들을 가지고 있다. 제한된 프로그램의 시간 내에 내용을 매우 단순화시켜서 알기 쉽게 전달해야 한다는 점에서 '내용을 과장 또는 극화함으로써 사실이 왜곡'될 수 있다. 특히 몇 명의 지식인들이 함께 운영하는 프로그램의 경우에는 각자의 정치성향이나 가치관이 차이가 있을 뿐만 아니라, 패널 참여자에 대한 시청자의 반응에 대한 의식 등의 복합적인 요인으로 인하여 그 정도가 더욱 심해질 수 있다. TV에서는 지식인들이 말하는 내용 그 자체보다는 말하는 방법과 기교, 즉 화술이 더욱 중요한 관심을 끌게 된다는 점에서 여론형성자로서의 올바른 기능에는 한계가 있다. 시간을 두고 많은 생각을 하면서 글을 쓰는 경우와 방송 카메라를 의식하면서 즉흥적인 임기응변을 해야 하는 지식인들의 행태가 같을 수가 없는 이유이다. 만약 정치권력을 추구하는 특정의 정치적 성향을 가진 폴리페서가 그러한 예능프로그램에 출연한다면 올바른 여론형성자로서의 역할을 할 수 없음은 물론이다.

교수는 늘 깨어 있는 지성인으로서 사회가 올바른 방향으로 나아갈 수 있도록 제대로 역할을 수행할 수 있어야 한다. 대학 교수에게 정년을 보장해주는 가장 중요한 이유는 학문의 자유를 보장해주기 위함이요, 나아가 교수의 올바른 사회적 역할을 기대하고 있기 때문이다. 따라서 교수는 어떠한 상황에도 굴하지 않고 옳다고 믿는 바를 주장하며 행동으로 실천할 수 있는 '깨어 있는 지성으로서 사회의 어둠을 밝히는 횃불'이 되어야 한다.

4. 교수의 사회교육과 강연

교수는 특정 분야의 전문적 지식인으로서 강연을 통해서 사회적 봉사를 할 수 있다. 일반인들을 대상으로 전문지식을 제공함으로써 사회발전에 기여할 수 있다는 것은 교수의 보람이 아닐 수 없다. 국제정치학자인 필자의 경우 국제관계·국가안보·남북관계·통일문제·한국외교 등의 분야에서 공무원이나 군인을 비롯하여 각종 사회단체의 초청을 받아서 강연을 해오고 있다.

나는 대학교수로 임용되어 얼마 지나지 않은 30대 초반의 신임교수시절에 각종 단체와 기관에 초청되어 강연을 하였으니 지금 생각해보면 '하룻강아지 범 무서운 줄 모르는 격'이었다. 이러한 외부 강연을 하게 된 계기는 내가 재직하고 있던 대학의 총장과 연수원장이 나를 추천하여서 각종 사회단체·연수원·공공기관 등에서 전공분야인 '국제관계 및 국가안보'와 관련한 강연을 하게 되었던 것이다. 아마도 대학을 책임지고 있던 총장과 연수교육을 책임지고 원로교수가 신임교수를 키워주려는 배려였다고 생각된다. 강연 결과 청중들의 호평으로 우리 대학의 위상을 높여주어서 감사하다는 총장의 덕담에 몸 둘 바를 몰랐던 시절이었다. 그러나 젊은 학자로서 패기와 열정은 있었을지 모르지만 학자로서 연륜이 짧았으니 당연히 내용의 깊이는 없었을 것이기 때문에 지금도 그때를 생각해보면 저절로 웃음이 나온다.

이러한 이유로 나는 한동안 외부 강연은 거의 하지 않고 연구와 집필활동에 집중하였다. 교수의 강연은 정치인들의 정치 유세와는 달리 특정 분야에 대한 깊이 있는 연구에 기반을 두고 설득력 있게 이루어져야 한다. 나아가 전문가로서 교수들의 강연은 어느 특정 정파나 이념을 떠나서 보편타당성을 추구함으로써 전체로서의 공동체에 유익해야 한다는 점은 아무리 강조해도 지나치지 않을 것이다. 교수의 사회적 봉사활동의 일환으로 이루어지는 강연은 자신의 이념이나 사상의 전파에 목적이 있는 것이 아니라 공동체의 대의(大義)를 위한 강의일 때 비로소 그 의미가 있는 것이다.

그런데 최근 교수들의 외부강연 동향을 보면 우려되는 점들이 적지 않다. 의뢰받은 주제가 자신의 전공분야에 직결되어서 사회에 기여할 수 있는 주제인지 의심스러운 강의를 하는 교수들이 있는가 하면, 자신을 불러주는 곳이면 어떤 단체에서 어떤 주제의 강연이든지 가리지 않고 오직 '잿밥'에만 관심이 있는 교수들이 있다. 일부 교수들은 대학의 정상적인 수업을 휴강하거나 결강한 채 외부강연에 나간다고 하니 말문이 막힌다. 더욱이 이러한 외부 강연을 발판으로 자신의 정치적 영달을 노리는 교수들까지 나타나고 있으니 자신의 이익만을 추구하는 '장사꾼' 같은 행태는 초라해진 교수사회를 더욱 초라하게 만들고 있다.

요즈음 대부분의 외부강연, 특히 공무원이나 교원들을 대상으로 한 강의는 수강생들의 평가에 의해 다음 초청 여부를 결정하는 경우가 많기 때문에 교수들의 포퓰리즘은 여기에서도 나타난다. 의무적으로 교육을 받아야 승진조건을 갖출 수 있는 수강생들의 경우에 어렵지만 직무에 필요한 강의보다는 재미있는 강의를 들으면서 시간을 보낼 수 있는 강사를 더욱 선호한다. 이러한 사실을 잘 알고 있는 교수들이 수강생들의 인기에 영합함으로써 당초 연수가 의도하고 있는 본래의 목적을 달성하지 못하게 되는 것이다.

5. 교수의 자문 및 심사활동

교수들은 전문가로서 정부나 기관단체에 자문위원이나 심사위원으로 활동하거나 기업체나 공공기관의 사외이사로 선임되어 경영에 참여하기도 한다. 교수가 전문적 지식을 활용하여 정부나 기업의 정책이나 전략에 조언하거나 방향을 제시함으로써 기여할 수 있다면 상당히 의미 있는 봉사가 될 것이다.

나의 경험으로 볼 때 전문성을 발휘할 수 있는 위원으로 활동한 사례로서는 외교부의 외교정책자문위원이나 대구광역시 인사위원회 위원, 외국인주민지원시책위원회 위원 등을 들 수 있다. 유엔사무총장을 역임한 반기문 사무총장이 외교부장관의 재임시절 3년 동안 외교정책자문위원을 하였던 경험은 나름대로 의미가 있었다. 주기적으로 개최되는 회의에 직접 참석하여 의견을 개진하거나 관계부서의 질의에 조언을 해주는 등 우리나라의 외교정책결정과정에 참여할 수 있었던 것은 좋은 경험이자 보람이었다. 이것은 아마도 당시 반기문 장관을 비롯한 외교부 당국자들이 자문위원들의 의견에 매우 수용적인 태도를 보여주었기 때문이라고 생각한다. 또한 대구광역시 인사위원회와 외국인주민지원시책위원회의 경우에도 매우 공정하고 활발한 회의가 이루어짐으로써 위원들은 자유롭게 자신의 의견을 제시하고 토론을 통해서 합리적 결론을 도출할 수 있었다.

반면에 유명무실하거나 '형식적인 통과의례'에 불과한 위원회도 있었다. 대통령직속으로 설치, 운영되고 있는 '민주평화통일자문회의'는 국내 및 해외동포들까지 포함하여 많은 수의 위원들을 두고 있기 때문에 실질적인 토론은 어렵고 전국회의는 거의 형식적으로 이루어져 왔다. 자문위원들이 워낙 많기 때문에 민주평통은 중앙상임위원회를 두고 있지만 이것 역시 자문위원들의 의견을 통일정책에 반영한다는 것은 거의 실효성이 없었다. 따라서 민주평통은 중앙회의보다는 오히려 각 지역별로 구성되어 있는 지역위원회가 중심이 되어 전개하는 사업들이 더욱 의의가 있다고 할 것이다. 평통위원들이 시·군·구 단위로 모여서 회의를 하는 관계로 위원의 숫자도 제한될 뿐만 아니라 추진사업도 상당히 구체성이 있기 때문이다.

한편 각종 위원회의 심사위원으로 참여한 나의 경험으로 볼 때 교수들의 심사활동을 통한 봉사는 그 편차가 매우 컸다. 각 대학에서 의뢰하는 교수채용 심사나 한국연구재단의 연구과제 심사와 같은 경우에는 비공개와 익명으로 진행되는 관계로 공정성이 확보되기 때문에 전적으로 교수 각자의 자유로운 판단에 따른 평가가 보장된다. 이러한 심사에는 공정성을 보장하기 위하여 심사자가 피심사자의 출신대학과 동일하면 원칙적으로 제척사유가 되기 때문에 심사를 할 수가 없다.

그러나 공무원이나 공공기관에서 시행하는 각종 심사활동은 심사위원의 선정에서부터 심사활동에 이르기까지 전반적인 과정에 당해 기관에서 직간접적으로 개입하고 있기 때문에 교수들이 공정한 심사활동을 하는 데는 한계가 있다. 왜냐하면 우선 심사위원의 선정단계에서 추첨으로 정하지 않는 이상 심사위원의 공정성을 확보할 수가 없기 때문이다. 해당 기관에서는 자신의 의사를 잘 대변해줄 수 있는 심사위원을 위촉할 수 있는 재량권을 가지고 있고, 이렇게 선정된 심사위원들이 다수를 차지할 경우 심사의 결과가 어떻게 될 것이라는 것을 짐작하는 것은 어렵지 않다. 나의 경험을 하나 소개한다면 공무원채용 면접심사에서 위원회 위원 5명 중 3명이 찬성하고 1명이 소극적 반대, 1명은 적극적 반대로 위원회에서 격론을 벌이다가 결국 합의가 이루어지지 못하여 채용이 무산되었는데, 반대 의사를 표명했던 나는 이후 그 기관의 채용면접에 심사위원으로 위촉되지 않았다. 아마도 내가 "공정한 심사에 위배된다."고 해당 기관의 채용의도를 묵살했기 때문이었을 것이다.

이처럼 교수들의 사회봉사로서의 자문위원 또는 심사위원의 활동에 있어서는 개인적 이익과 공공의 이익 간에 충돌이 일어날 수 있으며, 이 경우에는 두말할 필요도 없이 공익의 입장에 서야 할 것이다. 학생들에게는 바람직한 가치관을 교육하면서 자신은 당위론을 포기하고 개인의 이익을 위해서 현실적 타협을 선택한다면 그것은 교수의 사회봉사가 아니라 개인적 이익을 위한 '지식장사꾼'에 불과하다. 이처럼 지식인이자 교육자로서 교수가 사회봉사를 함에 있어서는 언제나 공동체의 대의(大義)에 충실해야 할 것이다.

1. 내가 다시 태어난다면

나는 다시 태어날 수만 있다면 또다시 교수의 길을 가고 싶다. 그 이유가 무엇이냐고 묻는다면 교수라는 직업은 나의 삶에 있어서 '보람과 행복의 원천'이었기 때문이다. 보람이 있었다는 것은 관심을 가졌던 분야의 연구와 학술활동의 보람, 대학에서의 교육과 제자 양성의 보람, 언론 칼럼이나 외부 강연 및 정부 위원회 활동을 통하여 사회봉사를 할 수 있었던 보람 등을 말하는 것이다. 그리고 교수직이 행복의 원천이었다는 것은 교육자·연구자·봉사자로서의 책무가 나의 적성에 아주 잘 맞아서 '38년 동안 교수로서의 삶이 참으로 행복'하였기 때문이다.

나는 '작은 천국'이라고 불리는 '교수연구실'에서 커피를 한 잔 마시면서 생각하는 것을 좋아한다. 칼럼을 쓰다가 생각이 잘 나지 않을 때나 문제해결의 방법을 찾기가 어려울 때 나는 스스로 커피를 준비한다. 연구실 창밖으로는 시간이 흐름에 따라 봄·여름·가을·겨울 4계절의 변화를 알려주는 아름다운 풍경들이 흐른다. 잠시나마 커피를 마시면서 생각에 잠겨 아름다운 풍경을 감상할 수 있는 한가로움을 가져볼 수 있는 것도 교수이기에 가능한 즐거움이었다.

학문적 성과에 있어서 세계적 수준으로 내놓을 만한 역작은 없지만 나의 전공분야 학문에 있어서 평균적 수준의 연구력은 되었던 것 같다. 그렇게 생각하는 이유가 무엇이냐고 묻는다면 그 증거로 다음과 같은 사실들을 제시할 수 있을 것 같다. 2013년 9월 동아일보가 한국연구재단의 자료를 바탕으로 평가한 전국의 정치외교학 분야의 교수연구력 평가에서 필자는 '연구력 우수자 50인'에 선정되었는데, 선정된 교수들의 연령순으로 볼 때는 최고령자 3인에 속한다.[1] 또한 필자의 저서 『동아시아 지역질서의 변화와 한국의 선택』이 2012년도 대한민국학술원이 선정한 '우수학술도서'에 선정되기도 하였으며, 2010년에는 한국동북아학회와 한국통일전략학회의 공동학술회의에서 두 학회가 공동으로 제정한 '정치학대상'을 수상하기도 하였다.[2] 오랫동안 재직하였던 대학에서도 '연구우수상'과 함께 연구영역 연

---

1) 『동아일보』, 2013년 9월 23일.
2) 『매일신문』, 2010년 11월 5일.

봉제 최고등급인 S등급을 여러 차례 받았다는 사실도 연구를 게을리하지는 않았다는 증표가 아닐까 생각한다.

한편 교육자로서 제자 양성의 보람 또한 컸다. 교수라는 존재는 자신의 지도와 조언으로 학생들이 꿈을 이루게 된다면 이보다 더 큰 보람이 없다. 나는 정치외교학과의 교수로서 진로와 취업에 고민하는 학생들에게 조금이나마 도움을 주기 위하여 1998년 9월 1일 취업동아리 CIS(Circle for International Studies)를 만들었다. 인문사회계 대학생들에게 필요한 외국어 능력 향상과 시시각각 변화하는 취업정보를 제공하면서 취업마인드 제고에 노력하는 동시에 실제로 학생들을 데리고 기업체와 관공서를 방문하는 등 많은 시간을 교수책임시수와는 별도로 학생들과 함께하였다. 창립 이후 21년 동안 매주 열리는 주례취업전략회의는 무려 400회에 이르렀고, 매년 춘계 및 추계 야외취업전략회의를 통해서 현실인식과 취업 마인드 제고를 위한 발표와 훈련을 계속해왔다. 또한 기업체와 관공서 방문을 통하여 인사담당자와의 간담회를 통하여 학생들에게 결여된 현실 감각을 지속적으로 제고시켰다.

동아리활동을 했던 학생들이 졸업 후에 공무원·대학교직원·공사공단 직원·기자·은행원·무역사무원·항공사 승무원 등 사회의 각 분야로 진출하여 중추적 역할을 하고 있다. 그리고 사회 진출에 성공한 선배들이 가끔 학교를 방문하여 특강을 통하여 후배들을 이끌어주기도 해서 '멘토-멘티'의 관계로 발전하고 있다. 이들은 가끔 나의 연구실을 방문하거나 전화로 안

부를 물으면서 승진 등 기쁜 소식을 전해주기도 한다. 내가 심혈을 기울여 지도하였던 동아리의 제자들로부터 그러한 소식과 감사의 인사를 듣는 것보다 더 행복한 일은 없다.

나아가 교수로서 사회봉사활동 역시 보람된 일이었다. 국제정치를 전공한 학자로서 외교부 정책자문위원으로서 한국외교정책의 방향 설정과 성과 제고에 노력한 것도 의미 있었고, 대구광역시와 경상북도의 중요한 위원회와 대구시설공단의 사외이사로 활동하면서 지방정부의 발전에 이론적 뒷받침을 하였던 것도 학자로서 보람이었다. 또한 중요한 정치외교현안에 대해서 학술회의를 통하여 정책 대안을 모색, 제시하는가 하면, 칼럼니스트로서 여러 신문에 나의 견해를 피력하고 여론을 형성해나갈 수 있었던 것도 의미 있는 작업이었다. 물론 이러한 일들은 대부분 퇴임 이후에도 계속될 것이다.

이러한 교수로서의 보람과 행복은 결국 내가 다시 태어나도 교수의 길을 가려고 하는 충분한 이유가 된다고 생각한다. 다만 교수의 길을 또다시 한 번 더 갈 수만 있다면 그때는 현직 교수로서 부족했던 점들을 보완하고 싶은 것들이 있다. 그것은 정말로 석학의 반열에 오를 수 있을 정도로 학자로서의 능력을 함양하는 한편, 훌륭한 교육자로서 인격도야에도 더욱 힘을 써서 후학들에게 '모범적 교수의 전형'이 되고 싶다.

2. 대학의 교수님들에게

존경하는 교수님들에게

대학의 위기상황에서 정년퇴임을 맞이하게 되니 마음이 편하지 않습니다. 떠나면서 위로를 받아야 할 퇴임교수가 오히려 남아 있는 교수님들에게 위로를 드리고 싶은 심정입니다. 오늘날 우리나라 대학의 현실은 교수들이 마음 편히 연구와 교육에 정진할 수 있는 상황이 아니라는 사실을 잘 알고 있기 때문입니다.

학령인구의 급감과 대학의 구조개혁, 특히 최우선적 통폐합 대상이 되고 있는 인문학의 위기, 교수연봉제의 시행과 기업마인드 요구, 가중되고 있는 행정업무 등 교수의 신분과 품위를 위협하고 있는 요인들이 한두 가지가 아닙니다. 또한 점점 더 황금만능주의가 되어가는 세태 속에서 돈과 권력에 대한 유혹은 비단 교수라고 해서 예외가 될 수는 없습니다. 정말로 '교육자로서의 교수'와 나와 가정을 지켜야 하는 '생활인으로서 교수'라는 두 가지 역할 사이에서 적지 않은 갈등을 겪을 수 있는 환경입니다.

그럼에도 불구하고 교수는 정도(正道)를 가야 합니다. 최고의 지성이라고 할 수 있는 교수마저도 정도에서 벗어난다면 우리가 더 이상 희망을 얘기할 수는 없기 때문입니다. 대학의 위기와 온갖 유혹을 이유로 교수가 본래의 사명을 포기할 수는 없는 일입니다. 교수의 사명을 포기하는 순간 그는 '교활한 정치꾼이나 장사꾼'이 되기 십상입니다. 따라서 우리들의 품위를 지키기 위해서는 정치권력과 가까이하지 않는 것이 좋겠습니다. 정치인들과 일정한 거리를 두고 그들의 행태(行態)에 대해서 시시비비를 가려주어야 하는 것이 학자의 자세요 교수의 책무이기 때문입니다.

또한 당면한 대학의 위기를 극복하기 위해서라도 교수는 정도를 걸어야 합니다. 대학의 위기와 교수의 위기는 밀접하게 연계되어 있으며 상호작용하는 관계에 있음을 잊어서는 안 됩니다. 대학의 위기는 교수의 위기를 초래할 수 있지만, 반대로 대학에서 중추적 역할을 하고 있는 교수의 위기는 대학의 위기를 더욱 심화시킬 수 있습니다.

대학교수가 연구자이자 교육자라는 본질을 망각하고 좌고우면(左顧右眄)한다면 결국은 파국적 결과를 맞이할 수밖에 없습니다. 최근 우리는 서울의 명문대학교 총장·학장·처장들이 입학부정에 연루되어 구속되고 재판을 받는 모습을 TV를 통해서 생생하게 지켜보았습니다. 그들은 일시적으로 대학의 보직을 맡고 있었을 뿐이지 모두가 우리와 같은 교수들이었습니다. 교육자가 정도를 걷지 않을 때 받게 되는 비판은 성직자들에 버금갈 정도로 강한 것입니다. 참으로 안타까운 일입니다. 우리 교수들은 이것을 모두 반면교사(反面敎師)로 삼아야 할 것입니다.

이처럼 대학의 환경이 어려울수록 교수들은 더욱더 본연의 역할과 사명에 충실하고자 하는 의지와 노력이 필요합니다. 대학의 위기 속에 온갖 유혹이 여러분들을 괴롭히더라도 교수에게는 묵묵히 자신의 길을 갈 수 있는 용기와 지혜가 있어야 합니다. 그리고 우리들이 진리를 향해 나아가는 이 길에는 교수의 가장 중요한 책무, 즉 연구와 교육이라는 두 기둥은 여러분들에게 커다란 버팀목이 되어줄 것입니다.

인간사에 영원한 것은 없는 것처럼, 교수도 정년이 되면 물러나고 새봄이 오면 신임교수들이 캠퍼스에 활력을 또다시 불어넣습니다. 그리고 이때쯤이면 청운의 꿈을 안고 대학에 입학하는 새내기 대학생들은 반짝이는 눈으로 교수의 강의를 경청합니다. 참으로 '아름다운 한 폭의 대학 풍경화'입니다. 나는 38년 동안이나 이 빛나는 청춘들과 함께할 수 있었으니 참으로 행복했습니다.

대학을 둘러싼 환경이 모두 어려운 상황이니 당연히 교수들도 힘이 듭니다. 그럼에도 불구하고 외풍에 흔들리지 않고 정도를 지키려고 애쓰는 여러 교수님들에게 뜨거운 박수를 보냅니다.

마지막으로 교수직의 선험자로서 후배 교수님들의 '행복하고 가치 있는 교수생활'을 위하여 다음과 같은 몇 가지 당부를 드리고자 합니다.

첫째, 교수는 '생업(career)으로서의 교수'가 아니라 '천직(vocation)으로서의 교수'가 되어야 합니다. 교수는 본연의 사명, 즉 연구와 교육, 그리고 사회봉사에 충실할 때 가장 빛나는 직업이라는 사실을 잊어서는 안 됩니다. 왜냐하면 너무나 당연하게 여겨왔던 교수들의 소명의식이 이제는 급변하는 교육환경에다가 돈과 권력의 유혹으로 점점 더 형식화되어가고 있기 때문입니다. 교수업적평가를 잘 받기 위한 연구와 교육은 자칫 주객전도(主客顚倒)의 어리석음을 범할 수 있습니다. 교수는 진정으로 의미 있는 연구와 교육활동을 하고 있는지를 스스로 점검함으로써 연구를 위한 연구, 교육을 위한 교육이 되지 않도록 수시로 자신을 돌아볼 필요가 있습니다.

둘째, '권력 해바라기'라고 하는 '폴리페서'가 되지 않도록 스스로에게 보다 엄격해야 하겠습니다. 교수도 사람인 이상 돈과 권력의 유혹에 무너질 수 있기 때문입니다. '중이 고기 맛을 알면 절간에 빈대도 안 남긴다'는 속담처럼, 교수도 권력의 맛을 알게 되면 본연의 사명에 충실할 수가 없습니다. 따라서 만약에 현실 정치에 뜻이 있다면 교수직을 버리고 당당하게 도전하는 것이 교수 본인은 물론이고, 대학과 학생들을 위해서도 올바른 선택이 될 것입니다. 그러나 한 가지 명심해야 할 것은 국가발전에 기여하겠다고 '권력을 좇아간 대부분의 폴리페서들은 정치적으로 실패'3)하였다는 사실을 잊지 않기를 바랍니다.

셋째, '캠퍼스 폴리틱스'에 초연한 자세를 유지해야 합니다. 왜냐하면 캠퍼스 밖의 권력이나 캠퍼스 안의 권력이나 '권력의 속성은 마찬가지'이기 때문입니다. 교수가 보직에 맛을 들이게 되면 본연의 책무인 연구와 교육을 제대로 할 수 없게 됩니다. 나의 경험으로 볼 때 오랫동안 대학에 재직하다 보면 캠퍼스 폴리틱스에 초연하게 있어도 한두 번은 보직 제안이 들어오고 때로는 불가피하게 봉사해야 할 경우도 있습니다. 그런데 무엇 때문에 스스로 나서서 교수의 본직 수행에 별로 도움이 되지도 않는 보직을 탐한다는 것입니까? 이것은 '권력학'이라고 하는 '정치학'을 한평생 연구해온 전공학자의 눈으로 볼 때 어리석기 짝이 없는 일입니다.

넷째, 힘든 세상을 살아가야 할 '아픈 청춘들', 즉 우리의 제자들에게 진정한 '인생의 멘토'가 되어주라는 것입니다. 이러한 역

---

3) 대학교수들은 정치를 위한 조직이 없고 경험이 부족하기 때문에 정계에 진출해도 성공가능성이 희박하다. 아주 짧은 기간 동안 청와대 참모나 국회의원(지역구가 아니라 전국구 비례대표)을 하는 것이 대부분이며, 정치적 영향력을 발휘한다는 것은 거의 불가능하다. 유명한 시인이었던 한 교수는 국회의원 배지를 한번 달았던 대가로 시인으로서 존경을 모두 잃어버렸으며, 유명대학의 한 정치학 교수는 국회의원을 하다가 구속되어 다시는 자신의 대학으로 돌아갈 수도 없었다.

할을 잘할 수 있기 위해서는 '먼저 교수가 바람직한 인생관을 정립해야 한다'는 사실은 재언이 필요 없을 것입니다. 사랑하는 제자들이 어려운 여건 속에서 흔들림이 많은 인생행로를 좌절하지 않고 슬기롭게 헤쳐 나가기 위해서는 내공(內功)이 필요합니다. 제자들에게 '아프니까 청춘'이라고 위로만 할 것이 아니라 그들의 아픔이 치료될 수 있도록 근원적인 처방도 함께 제시해줄 수 있어야 하지 않을까요? 이것은 교수가 뿌린 씨앗을 제자들을 통해서 거둘 수 있다는 점에서 교수만이 누릴 수 있는 매우 큰 보람이요 행복입니다.

다섯째, 대학의 위기상황에서도 교육자로서 교수는 정도(正道)를 걸어가야 합니다. 학령인구의 감소로 인한 신입생 유치의 어려움, 졸업생의 취업난과 진로지도, 대학의 구조개혁 등 교수들을 비굴하게 만들 수 있는 요인들은 날로 증가하고 있습니다. 우리 교수들이 교육자로서 정도를 가지 못한다면 강단에서 학생들에게 무엇을 가르칠 수 있을까요? 교수는 교육자이기 때문에 결코 장사꾼이 될 수 없으며 또 그렇게 되어서도 안 됩니다. 사회를 올바른 방향으로 이끌어가야 할 교수가 사회변화에 무조건 따라갈 수는 없는 일입니다. 교수는 대학의 위기 속에서도 당당하게 올바른 교육자의 길을 갈 수 있을 때 비로소 긍지를 가질 수 있는 존재입니다.

여섯째, 교수의 사회봉사는 개인적 영달(榮達)을 위한 것이 아니라 공동체의 대의를 위한 것이라는 점을 잊지 않기를 바랍니다. 전문가로서 교수의 사회봉사는 개인적 영달을 위한 것이 아니라 사회발전과 정의구현이라는 공동체의 대의에 부합할 때 빛나는 것입니다. 따라서 사회봉사에 있어서는 언제나 '공정한 심판자'이자 '적극적 관찰자'의 자세를 견지해야 할 것입니다. 교수가 대외적 봉사활동을 수행함에 있어서 객관성을 상실하고 개인적 이익을 고려하거나 특정의 정치성향이나 이념을 앞세우는 것은 봉사자의 태도가 아닙니다. 이것은 지식인으로서의 교수가 반드시 가져야 할 '선비정신'입니다.

일곱째, 교수는 가진 자로서 당연히 '노블레스 오블리주' 정신을 실천해야 합니다. 교수가 돈이나 권력을 가졌다고 말할 수는 없지만, 지식인으로서 위신(명예)은 가지고 있습니다. 지식인의 사회적 책무는 막중하며, 가진 자는 마땅히 '도덕적 의무'를 다해야 합니다. 교수들이 가지고 있는 다양한 분야의 전문지식들은 사회발전과 정의사회의 구현에 기여할 수 있습니다. 다만 이러한 사회봉사의 경우에도 교수 개인의 이익이 아니라 사회공동체의 대의(大義)를 위하여 그 지식이 사용되어야 함은 물론입니다.

마지막으로 정년이 다가오면 퇴임 이후에 할 일들을 생각해보는 것이 좋겠습니다. 그 일이 무엇인가는 교수들마다 다를 것이지만 가장 바람직한 것이 있다면 재직 중에 지속적으로 해왔던 일의 연장선에 있거나 그와 관련성이 있는 일들이 좋을 것입니다. 한평생을 대학에서 연구와 교육에 바친 학자가 퇴임 이후에 성공할 수 있는 일의 성격은 대체로 예상할 수 있기 때문입니다. 이를 위해서는 재직기간 동안 교수의 책무를 충실히 수행함은 물론이고 시간적 여유를 가지고 준비할 수만 있다면 퇴임 이후에도 아무런 단절 없이 지적 생활의 즐거움을 계속 향유할 수 있을 것입니다.

프랭크 시나트라(Frank Sinatra)의 노래, '마이 웨이(my way)'처럼 교수님들은 비바람이 거세게 몰아쳐도 당당하게 '교수의 정도'를 걸어감으로써 대학의 위기를 극복하고 행복한 교수생활을 하시기 바랍니다.

3. 대학의 총장님들에게

총장의 역할과 책임

총장은 대학운영의 최고 정책결정자로서 그 대학의 교육·재정·인사·대외관계 등 전반에 걸쳐 영향력이 막강하다. 이러한 점에서 총장이 교수에게 미치는 영향도 적지 않은데, 그 정도는 국립대와 사립대, 총장의 선출방식 등에 따라서 다소 차이가 있다. 일반적으로 교수들의 직선 또는 간선에 의해 선출되는 국립 또는 사립대학의 경우에는 교수들에 대한 영향력이 상당히 제한적이다. 반면에 재단이사장에 의해 임명되는 사립대학 총장의 경우에는 그 영향력은 상대적으로 크다.

이처럼 정도의 차이는 있지만 대학의 교수사회에 직간접적으로 영향력을 미치고 있는 총장의 역할은 매우 중요하며, 그의 가치관과 대학운영방식에 따라 그 대학의 미래가 달라질 수도 있다.

나는 교육대학과 일반대학에 재직하면서 38년 동안 수많은 총장들의 대학 운영방식을 직접 경험하였다. 특히 국립인 교육대학에서 6년, 사립인 일반대학에서 32년 동안 재직하였으니 국립대와 사립대, 그리고 특수대학과 일반대학에 있어서 총장의 대학운영방식을 직접적으로 알 수 있는 기회가 있었다.

교육대학이나 사범대학은 교사를 양성한다는 특수성이 있으며, 구성원 모두가 같은 길을 가고 있다는 점에서 총장의 대학

운영은 비교적 용이하다. 물론 우수한 교사를 양성하고 교원임용고시에 얼마나 많은 합격자를 배출하느냐 하는 것은 총장의 대학운영방식에 따라서는 적지 않은 결과의 차이가 날 수 있다.

반면에 일반대학의 경우에는 인문학·사회과학·자연과학·예술학 등 매우 다양한 구성을 가지고 있다. 따라서 대학의 위기상황에서 어떻게 대처해나갈 것인가에 대한 총장의 인식과 운영 철학이 매우 중요하다. 어떤 총장은 대학의 위기를 극복하기 위해서는 비즈니스 마인드가 중요하다고 강조하는 반면, 또 다른 총장은 대학의 본질에 충실하는 것만이 장기적으로 난국을 돌파할 수 있다고 본다.

이처럼 총장의 대학 본질과 위기에 대처하는 인식의 차이는 소속대학의 교수들에게 상이한 영향을 미친다. 대체로 교수들의 직선에 의해 선출된 국공립대학의 총장보다는 재단에 의해 임명된 사립대학의 총장들이 교수들의 눈치를 볼 필요가 없기 때문에 더욱 큰 영향을 미친다. 이때 비즈니스 마인드를 강조하는 총장의 경우 교수들의 업적평가와 그의 연봉을 연계시킴으로써 치열한 경쟁을 유도한다. 평가의 기준은 대체로 연구·교육·봉사 업적으로 나누어져 있는데 그 세부항목은 교수들의 활동에 영향을 미친다. 물론 연봉제에 미치는 영향력의 정도는 각 대학의 총장들이 어떠한 평가기준을 설정하는가에 따라서 다르다.

총장으로서는 대학의 위기를 극복해야 하는 책임을 지고 있기 때문에 수단과 방법을 가리지 않고 교수들을 활용할 가능성이 크다. 만약 대학경쟁력 제고를 핑계로 교수로서 받아들이기 어려운 비합리적인 평가제도와 연봉제를 시행한다면 그것은 실제로 경쟁력 제고에 아무런 도움이 되지 않을 뿐만 아니라 오히려 대학의 위기를 더욱 가속화시킬 뿐이다. 반면에 대학경쟁력을 강화할 수 있는 합리적인 평가기준으로 연봉제를 실시한다면 교수들은 다소 힘이 들어도 대학의 위기를 이해하고 협력할 것이다. 이처럼 지혜로운 총장은 합리적인 방식으로 교수들의 자율적 협력을 유도함으로써 장기적 차원에서 대학경쟁력을 더욱 강화할 수 있다.

총장님들에게 드리는 고언(苦言)

교수생활을 오래 하다 보니 자연히 대학운영에 책임을 지고 있는 총장님들의 경영방식을 직접 경험하거나 다른 대학 총장님들에 대한 이야기를 많이 듣게 됩니다. 어떤 총장은 대학경영에는 적합하지 않고 오히려 이윤을 추구하는 기업체의 CEO로서 적임자라고 생각되는 경우도 있었으며, 어떤 분은 너무나 고지식한 '딸깍발이 선비'였기 때문에 오늘날의 총장으로서는 어려움을 겪을 수밖에 없었습니다. 어떤 대학의 총장은 재단의 허수아비였고, 또 다른 대학의 총장은 교수 위에 군림하는 황제와 같은 존재였습니다. 교수들의 직접선거에 의해 선출된 총장은 교수들이 싫어하는 대학개혁은 아무것도 할 수 없는 무능력자가 되었으니 허울만 총장일 뿐이었습니다. 물론 총장으로서 대학의 본질에 충실하면서도 시대적 소명을 잊지 않는 경영자, 즉 대학의 이상과 현실을 잘 조화시켜나가는 총장도 없지는 않다고 생각합니다.

그렇다면 현재와 같은 대학의 위기상황에서 총장은 어떻게 대학을 이끌어야 합니까? 대학이 위기일수록 총장은 총장다워야 하며, 교수는 교수다워야 합니다. 총장이 대학의 본질과 그 사명에 충실하여 운영한다면 그러한 대학은 위기를 충분히 극복해낼 수 있을 것입니다.[4] 21세기의 변화된 환경에 맞게 대학의 미래비전

---

4) 필자의 정년퇴임 당시 총장의 경영철학은 '대학의 본질에 충실하는 것이 최선의 경쟁력 제고 방안'이라는 것이었다. 대학의 홍보슬로건에도 '본질이 경쟁력' 또는

과 철학, 핵심가치를 제시하고 이를 실현하기 위하여 대학교육이 지향해야 할 방향을 강구하는 것이 총장이 해야 할 중요한 역할입니다. 대학의 진리탐구와 자유·자율·비판정신 등의 기본에 충실하는 동시에, 시대적 요청에 능동적으로 대처해나가는 '대학의 창조적 혁신'이 절실하게 요구되고 있습니다. 바로 이러한 인식에서 필자는 지난 38년간의 대학교수 경험을 토대로 하여 총장님들에게 다음과 같은 고언을 드리고자 합니다.

첫째, 대학경영은 '대학의 존재 이유와 본질적 사명에 부합'해야 합니다. 대학은 이윤을 추구하는 '돈벌이 강습소'가 아니라 미래 인재를 키우는 '지성의 산실'입니다. 대학은 현재에 만족하는 곳이 아니라 '미래를 만들어나가는 곳'입니다. 대학이 세상을 이끌어가지 못하고 반대로 세상에 이끌려가서는 안 됩니다. 경영을 책임지고 있는 총장은 재정적 어려움을 핑계로 대학의 존재 이유를 포기해서는 안 되는 것입니다. '권력'에 비굴하고 '자본'에 약한 '경영자형 총장'이나 '기업가형 총장'으로서는 대학의 미래를 결코 보장할 수 없습니다. 서울의 명문대학교에서 학교 비리로 총장과 보직자들이 줄줄이 구속되는 상황을 목도하고 있는 교수들의 마음은 참담합니다. 일부 대학에서는 학령인구의 감소로 신입생유치가 어려워지자 입에 담기도 어려운 온갖 '해괴한 신입생 모집 행태들'5)이 나타나고 있습니다. 대학이 대학답지 못하다면 이미 그런 대학들은 존재해야 할 이유가 없습니다. 문제가 많은

'The University' 등을 사용하였으며, 대학의 본질과 사명에 맞지 않는 그 어떠한 것도 정당화될 수 없음을 강조하였다. 이는 대학이 위기에 있을수록 기본에 더욱 충실해야 한다는 것으로서 올바른 인식이라고 하겠다.

5) 경쟁력이 없는 일부 대학들에서는 '교육기관이 아니라 기업의 속성'을 보이고 있는데, 예를 들면 모 대학에서는 모든 신입생에게 최신형 휴대폰을 입학선물로 제공하는가 하면 또 다른 대학에서는 모든 신입생에게 '이상한 명목의 장학금'을 제공하고 있다. 일단 학생들이 입학만 하면 재학기간의 등록금 수입으로 제공된 선물비용이나 이상한 장학금을 충분히 메꿀 수 있다는 계산 때문이다.

대학이라면 교육부가 해당 대학의 폐쇄를 결정하기 전에 먼저 총장이나 재단은 왜 대학을 대학답지 못하게 운영해야 하는가를 다시 한번 생각해보아야 할 것입니다.

둘째, 대학의 위기를 극복하는 데 있어서 가장 중요한 것은 총장의 '개혁 의지'입니다. 신입생 충원이 걱정 없었던 시절의 안이한 대학 운영방식이나 정부의 재정지원에만 의존하는 대학은 더 이상 존립하기 어렵습니다. 이제는 대학의 '양적 성장'이 의미 있는 것이 아니라 '질적 제고'와 '특성화를 통한 경쟁력 제고'가 더욱 중요합니다. 학령인구의 감소에 따라 신입생 충원이 매우 어려워지고 있을 뿐만 아니라, 입학하고 있는 신입생들의 수학능력마저도 점차 떨어지고 있습니다. 이 '불편한 진실'을 감추려고만 할 것이 아니라 대학의 설립목적에 부합하도록 구조개혁을 단행하여 대학의 특성화를 도모해야 합니다. 이때 '개혁의 최대 걸림돌은 외부에 있는 것이 아니라 내부에 있음'에 유의하여 대학 구성원들의 의견, 특히 개인적 이해관계가 달려 있어서 개혁에 비판적인 교수들의 의견을 적극적으로 수렴하고 조정해 나아가야 할 것입니다.

셋째, 대학 운영은 단기적 필요에 의해서 독단적으로 이루어져서는 안 됩니다. 총장의 임기는 대체로 4년이며 연임을 해도 8년에 불과합니다. D대학의 총장은 정부재정지원사업에 선정되기 위하여 교수들의 의견도 무시한 채 단과대학 신설, 학과통폐합, 교육과정 개편 등을 대대적으로 단행하였습니다. 이 모든 것이 불과 수개월 만에 전격적으로 이루어졌으니 '하나의 혁명'이었습니다. 그러나 불행하게도 '교육부 재정지원사업'에 탈락하였고 총장은 임기가 만료되어 퇴임하였습니다. 이러한 상황에서 새로 부임한 신임 총장은 전임 총장이 저질러놓은 엄청난 문제들을 수습하고 대학을 본래의 자리로 되돌려놓은 데만도 2년의 시간이 소요되었으나 여전히 여진(餘震)은 계속되고 있다고 합니다. 정부의 재정지원만을 목적으로 한 총장의 단견(短見)과 독선적인 대학운영이 어떠한 결과를 초래하는가를 여실히 보여주는 사례입니다.

넷째, 대학의 본질과 사명에 충실하기 위해서는 '교양교육'이 더욱 강화되어야 합니다. 최근 우리나라 대학들은 경쟁적으로 교육에 있어서 경제성과 효율성을 강조함으로써 점점 더 대학의 본질적 사명과 멀어져가고 있습니다. 대학은 '기계적 지식인'을 만들어내는 곳이 아니라 '교양 있는 지성인'을 양성하는 곳입니다. 물질만능주의와 이기주의가 만연한 세태에 벗어나지 못하고 있는 학생들에게 교양교육을 통하여 바람직한 가치관을 가진 책임 있는 시민으로서 성숙한 공동체의 일원이 될 수 있도록 육성해야 합니다. 또한 다양한 가치들이 교차하고 충돌하는 시대에는 사고력·판단력·가치분별력 등이 문제해결에 있어서 가장 중요한 능력입니다. 따라서 사회의 '지도적 지성인'을 양성하는 대학에서의 교양교육은 아무리 강조해도 지나치지 않을 것입니다.

다섯째, '고등교육의 대중화시대'에 입학하는 학생들을 위하여 양질의 교육이 이루어져야 합니다. 대학에서 '엘리트교육'이 이루어지던 시절에는 학생 스스로의 면학에 별문제가 없었으나 고등교육이 대중화된 현재의 대학교육은 그 내용이나 방법이 달라질 수밖에 없습니다. 교육환경의 커다란 변화와 함께 대학에 들어오는 신입생들의 수학능력이 점차 떨어지고 있는 상황에서는 교육의 중요성이 크게 증대되고 있습니다. 그동안 우수 학생의 유치에 몰두하던 우리나라의 대학들이 이제는 '준비가 덜 된 학생들'에 대한 양질의 교육을 통하여 유능한 학생으로 육성하지 않으면 안 됩니다. 이를 위하여 필요하다면 일선에서 학생 교육을 담당하고 있는 교수들에 대한 제도적 뒷받침을 해야 할 것입니다.

여섯째, 대학의 구성원 가운데 가장 중요한 교수를 교수답게 대접할 때 대학도 발전할 수 있습니다. 어떤 대학은 총장의 엄청난 카리스마(charisma) 때문에 '교수와 총장의 대화는 고양이 앞의 쥐와 같다'고 합니다. 또 다른 대학의 총장은 대학의 위기를 악용하여 학과 통폐합 등 구조개혁을 명분으로 교수를 압박하고 비인격적으로 대우한다는 얘기들이 들려오고 있습니다. 대학에서 중추적 역할을 하는 교수들을 이렇게 대접하고서야 어떻게 대학이 발전하기를 기대할 수 있을까 걱정입니다. 가장 민주적이어야 할 대학사회에서 총장의 권위주의적이고 독선적인 리더십으로서는 대학의 위기를 극복하는 방안을 찾아나갈 수가 없습니다. 총장의 압박으로 교수들이 입을 닫고 수동적으로 움직이게 되면 대학의 깊어가는 병은 외부로 드러나지 않을 뿐 결국은 사망에 이르게 됩니다. 물론 총장과 교수들의 이해관계나 대학발전에 대한 인식이 반드시 일치하는 것은 아니지만, 독선적인 대학운영보다는 중지(衆智)를 모으는 것이 훨씬 낫습니다. 대학의 당면위기를 극복하기 위하여 교수들과 밤을 세워가며 솔직하게 토론하는 총장의 자세야말로 위기 극복에 가장 큰 힘이 될 것입니다.

일곱째, 대학의 교수업적평가와 그에 따른 연봉제 운영방식의 개선입니다. 열심히 연구하고 잘 가르치는 교수들에게 인센티브(incentive)를 주는 것은 너무나 당연합니다. 그러나 이들을 옥죄는 수단으로 활용하는 등 네거티브(negative) 방식은 오히려 더 나쁜 결과를 초래하게 됩니다. 대부분의 대학에서 이루어지고 있는 연구업적평가는 '양적 평가'이기 때문에 '질적 제고'가 수반될 수 있도록 보완되어야 합니다. 1년마다 많은 연구업적을 요구하면 교수는 '논문생산기계'로 전락하기 때문에 노벨상과 같은 것은 아예 꿈도 꿀 수 없게 됩니다. 일부 대학들에서 시행하고 있는 '교수들의 연구업적에 대한 철저한 상대평가방식'은 교수들의 의미 없는 경쟁만을 부추기고 있을 뿐입니다.

마찬가지로 교육업적 평가에 있어서도 대학의 재정지출을 줄일 목적으로 교수들에게 강의시수에 대한 평가점수를 상향조정함으로써 교수를 '학원강사'로 전락시키는 정책 역시 문제입니다. 교수들이 많은 강의를 하면서 충분한 연구와 학생지도를 한다는 것은 불가능합니다. 또한 일부 대학에서는 학생들의 중도이탈을 막기 위하여 강의평가 항목 가운데는 학생들의 '인기투표'라고 할 수 있는 성격의 질문도 넣고 있다고 합니다. 이처럼 '대학답지 않게 대학을 운영하는 총장'은 '교수를 교수답지 못하게 만들어' 결국은 대학의 사망을 자초하게 됩니다.

마지막으로 총장은 대학 경영자의 입장에서 학생들의 진로 설계와 취업 지원에도 노력을 기울여야 합니다. 현재의 대학생들은 어려운 취업환경 때문에 졸업 후 진로를 상당히 걱정하면서 대학에 다니고 있다는 사실을 외면해서는 안 됩니다. 환경변화에도 불구하고 대학이 여전히 엘리트시대의 대학생들을 생각한다면 시대착오입니다. 대학교육의 본질은 달라지지 않았지만 학생들의 필요는 많이 달라졌기 때문입니다. 취업절벽 앞에서 좌절하고 있는 '아픈 청춘들'에게 '대학생이니 취업은 스스로 알아서 해라'고 한다면 너무나 무책임합니다. 대학 경영을 책임지고 있는 총장은 취업 준비에 필요한 시설이나 제도적 장치를 강구해야 함은 물론이고, 교수가 학생들의 진로와 취업에 더욱 관심을 가지도록 유도해야 합니다. 교수들은 마음만 먹으면 '아픈 청춘들의 의사' 역할을 충분히 잘 해낼 수 있는 역량을 가지고 있기 때문입니다.

4. 명예교수의 새길을 시작하면서

연구와 봉사에는 정년이 없어

교수가 재직하던 대학으로부터 퇴임하는 법적 정년은 65세이다. 정년퇴임은 현직 교수로서의 삶을 마감하고 새로운 제2의 인생을 시작한다는 의미에서 또 하나의 출발이라고 할 수 있다. 현직에서 퇴임하는 사람들은 누구나 마찬가지겠지만 교수들도 퇴임 후의 새로운 삶은 미지의 세계를 여행하는 것처럼 기대와 설렘이 있고 두려움과 걱정도 있다.

정년퇴임이 가까워지자 나도 역시 자연스럽게 퇴임 이후에 무엇을 위하여 어떻게 생활하는 것이 바람직한 것일까를 생각하게 되면서 선배교수들의 퇴임 후 생활이 무척 궁금해졌다. 나는 다양한 전공분야에 걸쳐서 퇴임교수들을 직접 만나거나 간접적으로 들어본 결과 명예교수의 생활상은 각양각색이었다.

'교수신문'은 퇴임교수들을 대상으로 조사한 결과를 토대로 은퇴 후 생활패턴을 네 가지 유형으로 분류하였다. 그 첫 번째 유형은 '연구지속형'으로서 퇴임 이후에도 재직 때와 마찬가지로 연구를 계속하는 경우인데, 대부분의 교수들이 여기에 해당한다. 두 번째는 '사회활동가형'으로서 재직시절에 대외활동과 관련된 보직을 맡았거나 이미 시민단체 활동을 해온 교수들이 퇴임 이후에도 관련 활동을 계속하는 경우가 여기에 해당된다. 세 번째는 '인생2모작형'으로서 재직 때의 전공과는 상관없이 다른 분야에서 제2의 인생을 개척해 나아가는 유형이다. 마지막으로는 '은둔형'으로서 대학과는 담을 쌓고 사회활동에 참여하지도 않으며 은둔자처럼 고독하게 또는 유유자적하게 살아가는 사람들이다. '연구지속형'과 생활패턴은 비슷하지만 사회적으로 목소리를 내지 않으며, 학문연구의 연장선상에 있는지의 여부도 파악되지 않은 대부분의 교수들이라고 분석하였다.6)

이러한 교수신문의 조사결과와 내가 직접 퇴임교수들을 만나본 결과도 상당히 유사하였다. 어떤 교수들은 대학에 몸담고 있을 때는 여러 가지 사정으로 집중할 수 없었던 관심분야의 연구를 재직 때보다도 더 활발하게 저술활동을 계속하고 있었는데, 대학의 연구실처럼 오피스텔이나 아파트를 마련하여 연구실로 사용하고 있었다. 이들은 대부분 관련 분야의 학회활동도 계속하고 있었는데, 심지어 자신의 연구결과를 학술회의에 발표함으로써 후배 학자들과의 지적 토론을 즐기고 있었다. 특정 분야의 대선배 교수가 몇십 년 후배들이 주축이 되어 있는 학술발표회에서 그들과 함께 열정적으로 토론하는 모습은 후학들에게 커다란 가르침을 주고 있었다. 나아가 어떤 교수들은 자신의 재산을 털어서 연구소를 설립하고 여기에서 후학들을 계속 양성해나가는 교육자로서 교수의 책무를 계속해나가는 사람들도 적지 않았다.

한편 자신의 전문지식을 다양한 방식의 봉사활동을 통하여

---

6)『교수신문』, 2017년 11월 20일.

사회에 환원함으로써 사회발전에 기여하는 교수들도 많았다. 재직 때부터 해오던 다양한 사회단체 및 각종 사회교육기관에 대한 강연을 통해서 문제의식을 고취하는가 하면, 언론에 칼럼니스트로서 활동하면서 바람직한 여론의 조성이나 전문지식의 전파에 노력하고 있었다. 봉사활동의 대상은 전문지식을 필요로 하는 전문인들에서부터 교양의 증진을 목적으로 하는 일반인들에게 이르기까지 매우 광범하였다.

그 밖에도 교수들의 퇴임 이후 활동은 다양하였는데, 대학 재직기간 동안에는 시간적 여유가 없어서 즐기지 못했던 자신의 관심분야에 대한 활동, 예를 들어서 전공학문으로부터 벗어나 수필가나 사진작가로 변신한 교수들도 있었으며, 건강이 허락할 때까지는 될 수 있는 한 많은 국내외 여행을 하겠다는 교수들도 있었다.

이처럼 다양한 퇴임 후 생활 가운데 내가 가장 크게 관심을 가진 사람들은 '자신의 전공과 관련된 일을 퇴임 이후에도 계속하고 있는 교수들'7)이었다. 퇴임 후에도 쉬지 않고 일하고 있는 대부분의 교수들은 현직에서 연구하던 자신의 전공분야의 연장선에서 일하고 있었다. 이러한 명예교수들의 추세는 매우 자연스러운 것으로서 성공적인 사회봉사를 가능하게 해준다. 대학 안에

---

7) 사회학자 신용하(81)교수는 퇴임 후 15년간 32권의 저서를 출간하였으며, 사학자 한영우(80)교수도 30권을 출간하였다. 또한 언론학자 정진석(79)교수는 퇴임 후 200여 편의 논문을 쓰면서도 21권의 저서를 단독 또는 공동으로 출판하였으며, 국어학자 정광(78)교수는 퇴임 후 12년 동안 18권의 저서를 출간하였다. 『조선일보』, 2018년 6월 7일.

있던 연구실이 그 장소를 대학 밖으로 옮겼을 뿐, 그들의 연구와 봉사활동은 별로 달라진 것이 없었으며, 오히려 시간적 여유를 가지면서 더욱 만족도가 높은 지적 생활을 즐기고 있었다.

물론 전공학문의 성격에 따라서는 퇴임과 더불어 실험실이나 기자재가 없어서 연구를 계속하기 어려운 학문도 있고, 개인적으로 경제적 여건이나 건강이 여의치 않아서 연구를 계속하기 힘든 경우도 있다. 또한 재직 중에 대외적 활동을 별로 하지 않았던 교수들은 퇴임 후에 그러한 일을 새로이 시작하는 데 어려움이 있는 것도 사실이다.

그러나 교수들은 거의 한평생을 연구와 교육에 투자해온 고급인력일 뿐만 아니라 법적으로 정해진 65세의 퇴임은 요즘 '100세 인생' 시대에는 '여전히 청춘'이라고 할 수 있다. 따라서 교수가 가지고 있는 지적 자산을 폐기처분하는 것은 국가적으로도 커다란 손실이 아닐 수 없다. 특히 인문사회과학분야의 경우에는 '연륜이 쌓일수록 더욱 빛나는 경험론적 지식의 효용성'이 매우 크다. 대학재직 중에는 전공분야의 연구실적 쌓기, 학사업무나 학생지도 등에 많은 시간을 들여야 했던 환경에서 벗어나 자유롭게 자신이 하고 싶은 분야의 연구와 사회봉사활동을 할 수 있는 기회가 왔으니 이 얼마나 큰 축복인가? 정년퇴임 이후에도 활기차게 활동하는 것이 건강을 유지할 수 있을 뿐만 아니라 지적 자산을 통하여 사회봉사를 하게 된다면 일석이조(一石二鳥)의 즐거움이 될 것이다.

인생의 황금기: 60~75세

정년퇴임 후 명예교수로서 나의 삶을 살아가는 데 있어서 커다란 가르침을 주고 있는 사람은 이른바 '영원한 현역'이라고 불리고 있는 '철학자 김형석 명예교수'[8]이다. 올해 100세가 되는 그는 지금도 왕성한 집필활동과 강연을 통하여 사랑과 봉사를 실천함으로써 후배교수들에게 커다란 울림을 주고 있는 것은 물론, 그를 알고 있는 모든 국민들로부터 존경을 받고 있다.

그는 대학교수로 재직할 때에도 '올곧은 교육자로서 교내 보직이나 정치권력에 한 번도 곁눈질을 한 적이 없는 철학자'[9]이다. 게다가 고령의 나이에도 불구하고 지금도 혼탁한 세태 속에서 방황하고 있는 우리들에게 나침반이 되어주고 있다. 여전히 철학자로서 꼿꼿하게 열정적으로 살아가고 있는 그의 모습은 돈과 권력에 무너지고 있는 교수들에게 말없는 가르침이 되

---

8) 김형석(金亨錫, 1920년~)교수는 철학자이자 수필가이다. 평안남도 대동에서 태어나 일본 조치(上智)대학교 철학과를 졸업했다. 연세대학교 철학과에서 30여 년간 후학을 양성하였으며, '대한민국 철학계 1세대 교육자'로 한우리독서문화운동본부 초대 회장을 지냈다. 현재 연세대학교 명예교수이며, 100세의 나이에도 활발한 저술 활동과 강연을 펼치고 있다. 우리나라 철학계의 거두로 평가받고 있으며, 주요 저서로 『현대인의 철학』, 『우리는 어떻게 살아야 하는가』 등이 있으며, 1960~1970년대 사색적이고 서정적인 문체로 『고독이라는 병』, 『영원과 사랑의 대화』 등의 베스트셀러를 집필하였으며, 최근에는 『백년을 살아보니』, 『행복예습』 등을 출간하였다.

9) 김형석교수가 잠시 '공연, 도서 윤리위원'을 맡았을 때의 일화이다. 당시 위세가 등등했던 신군부가 집권하고 있었던 전두환 대통령 시절에 "대통령과 윤리위원들의 오찬이 있으니 일주일 뒤 청와대로 들어오라"는 연락이 왔다. 마침 그 시간에 다른 대학에 강의 일정이 있던 김교수는 "학생들과 한 약속을 어길 수 없어 못 간다"고 오찬을 거절했다가 윤리위원에서 해임되었다는 통보를 받고 "잘됐다"는 게 그의 답이었으니 평생을 교육자로 헌신한 김형석교수의 성품을 잘 보여주는 일화이다. 『동아일보』, 2017년 9월 5일.

고 있다.

"고령에도 불구하고 일을 하고 있는데 진력나지 않느냐?"고 묻자 노 철학자는 "여든 살이 될 때 좀 쉬어 봤는데 노는 게 더 힘들더라. … 내게는 일이 인생이에요. 남들은 늙어서도 그렇게 바쁜데 행복하냐고 묻습니다. 그들이 생각 못 하는 행복이 뭔고 하니, 내 일 덕분에 무엇인가 받아들인 상대방이 행복해하는 걸 보게 됩니다. 그게 제 행복"[10]이라고 말한다. 그는 교수를 비롯하여 현역에서 은퇴한 사람들이 어떻게 살아야 할 것인가에 대해서 다음과 같이 말한다.

> "사람은 성장하는 동안은 늙지 않아요. 살아보니 60~75세까지가 인간적이나 학문적으로 가장 성숙한 '인생의 황금기'[11]입니다. 그 이후는 얼마나 유지하느냐에 달렸지요. '건강지표가 뭐냐'고들 하는데 일을 하는 거라고 생각합니다. 제 경우엔 사회에서 주어진 일을 끝까지 해내겠다는 사명감도 있었지요. … 죽음을 생각하지만 두렵지는 않습니다. 뭔가 남길 수 있는 사람은 감사한 거죠. 내가 있어서 행복한 사람이 있었고, 내가 있어서 인생을 아름답게 산 사람도 있었고, 내가 있어서 즐거움과 고통을 함께 나눈 사람이 있었다면 그게 저한텐 남는 것이지요."[12]

철학자인 김형석 교수는 '인생에서 계란의 노른자와 같은 시기', 즉 행복하고 알차고 보람 있는 '인생의 황금기'가 60~75

---

10) 『조선일보』, 2017년 6월 26일.

11) 김형석교수는 친구인 철학자 안병욱(전 사상계 주간, 숭실대)교수와 김태길(전 학술원 회장, 서울대)교수가 80세가 넘은 어느 날 만나서 '인생에서 계란 노른자와 같은 황금기'가 언제인가를 허심탄회하게 얘기를 해본 결과 60~75세까지가 가장 생산적이고 보람 있었다는 데에 의견이 모아졌다고 하였다.

12) 『경향신문』, 2016년 8월 1일.

세라고 하였는데, 그것은 어떠한 의미를 지니고 있는가? 그는 나이 60세가 되기 전에는 너무나 미숙함이 많았다는 사실을 인정하면서, '철들기 시작하는 60세'가 지나서야 비로소 후배들에게도 부끄럽지 않는 모습을 가지게 되었다고 하였다. 또한 그때쯤 되니 "욕심이 없어지더라"고 하면서 "교수들이 연예인처럼 박수를 받으려고 해서는 안 된다."는 점을 지적하였다. 아마도 그가 말하고자 했던 것은 '성숙된 인격으로 자기 자신보다는 남을 생각하고 배려하는 사랑의 삶을 살 수 있는 나이가 그 시기이고 그래서 행복하였다'는 의미일 것이다. 그 이유는 '인생은 늙어가는 것이 아니라 익어가는 것'이기 때문이라고 생각한다.

'지적 노동'이 아니라 '지적 생활'의 즐거움

지금으로부터 120년 전인 19세기 산업혁명 시기에 영국의 작가이자 예술가인 해머튼(Philip G. Hamerton)은 그의 저서에서 '지적 생활(intellectual life)'이라는 용어를 처음으로 사용하면서 '지적 생활'과 '지적 노동'을 구분하였다. 전자는 자기만족과 학문의 즐거움 자체를 목표로 삼는 반면, 후자는 그 즐거움의 전달을 통해 타인의 인정을 얻고자 한다는 것이다.[13] 그가 이렇게 양자를 구분한 것은 지적 생활의 중요성을 강조하기 위해서였다. 즉, 자신의 지적 활동과 그로부터 얻을 수 있는 정서적 만족감이 없다면 지적 노동은 정신적, 육체적 소모에 지

---

13) P. G. 해머튼(저), 김욱(역), 『지적 생활의 즐거움』, 서울: 도서출판 리수, 2015, p.25.

나지 않는다는 것이다. 그는 지적 생활의 의미에 대해서 다음과 같이 말하고 있다.

> "지적 생활이란 무엇인가를 이룩하려는 시도가 아니라, 순수하게 삶의 진리를 찾아나서는 여정입니다. 그것은 가장 위대한 진리와 작은 진리 사이에서, 반드시 따라야 하는 정의와 개인생활 사이에서 늘 꿋꿋하고 당당하게 고귀한 쪽을 선택해나가는 것입니다."14)

교수들은 대학에 재직 중일 때는 연구업적평가와 연봉제 등으로 인해 '지적 생활'을 즐기기보다 '지적 노동'에 가까운 연구를 하는 경우가 많다. 교내 및 교외 연구비를 받아서 연구를 진행할 경우에는 연구결과물의 제출기한이 정해져 있기 때문에 적지 않은 스트레스를 받게 된다. 또한 교수의 연구업적과 그가 받는 연봉과 연계되어 있기 때문에 학문의 즐거움 속에서 한 주제를 오랫동안 천착(穿鑿)하기보다는 실적 위주로 많은 논문들을 양산하지 않을 수 없다.

더욱이 교수들은 승진에 필요한 연구실적의 양이 별도로 규정되어 있기 때문에 시간적 여유를 가지면서 지적 생활을 즐기는 것은 어렵다. 바로 이러한 이유로 교수들의 연구활동은 사실상 '지적 생활이라기보다는 지적 노동에 가까운 작업'이 되고 있는 것이다. 특히 각 대학에서는 당면한 위기를 극복하기 위하여 기업의 경영원리가 적극적으로 도입하면서 교수들은 점점 더 '지식노동자'로 전락되고 있다.

---

14) 위의 책, p.9.

이제 나는 정년퇴임과 더불어 '지적 노동'의 고단함으로부터 벗어나 시간적 여유 속에 '지적 생활'을 즐길 수 있게 되었다. 그리고 이러한 지적 생활이 가능하다면 개인적 만족에 그치지 않고 다양한 수단과 방법을 통하여 국가와 사회에 기여하고 싶다. 그 방법으로서는 지금까지 해온 것처럼 사회적 이슈들을 다루는 저서 출판, 정치·외교·안보문제 전문가로서의 교육 및 강연, 칼럼니스트로서의 언론기고 등이다. 이러한 활동들은 교수 업적평가나 연봉제, 승진 등을 전혀 신경을 쓸 필요 없이 전적으로 나의 자유의사에 의해서 이루어진다는 점에서 지적 생활의 즐거움을 가질 수 있을 것이다. 이처럼 나는 대학에서 오랫동안 연구해온 전문지식을 바탕으로 퇴임 이후에도 다양한 수단과 방법으로 사회교육과 국가발전에 기여하는 봉사자가 되고자 한다.

앙드레 지드(Andre Gide)는 "늙기는 쉽지만 아름답게 늙기는 어렵다"고 했다. 사람이 늙는다는 것은 누구에게나 일반적인 현상이지만 '아름답게 늙는다는 것은 선택적'인 것이다. 아름답게 늙기 위해서는 그에 상응하는 노력이 반드시 수반되어야 하기 때문이다. 우리 시대 정신적 스승이었던 '법정(法頂) 스님'은 당신의 저서『아름다운 마무리』에서 다음과 같이 말하였다.

> "아름다운 마무리는 바로 그 자리에서 나 자신이 해야 할 도리와 의무와 책임을 다하는 것이다. … 아름다운 마무리는 처음의 마음으로 돌아가는 것이다. … 영원한 것은 없다. 모두가 한때일 뿐. 그 한때를 최선을 다해 최대한으로 살 수 있어야 한다. 삶은 놀라운 신비요 아름다움이다. 그 순간순간이 아름다운 마무리이자 새로운 시작이어야 한다. … 아름다운 마무리는 낡은 생각, 낡은 습

관을 미련 없이 떨쳐버리고 새로운 존재로 거듭나는 것이다. 그러
므로 아름다운 마무리는 끝이 아니라 새로운 시작이다."[15)

아름다운 노년은 '품위가 있는 삶'이 되어야 하며, 그러한 삶
은 '외관의 화려함이 아니라 내면의 충실함'이 있어야 한다. 따
라서 '공부하는 노년은 아름다운 노년'이며, 명예교수는 바로
그러한 삶을 살 수 있는 조건이 갖추어져 있다. 대학에서 한평
생을 연구와 교육에 종사하던 교수가 정년으로 퇴임한다고 해
서 별로 달라질 것은 없다. 그들이 가장 잘할 수 있고, 흥미를
가질 수 있는 일이 바로 지금까지 그들이 해온 연구와 교육이
기 때문이다. 따라서 해밀턴이 말한 지적 생활을 지속하는 것
이야말로 명예교수로서 아름답고 행복한 삶을 살아갈 수 있는
길이라고 생각한다. 게다가 명예교수의 지적 삶이 사회공동체
의 발전에 기여할 수 있는 '봉사의 길'이라면 더욱 '아름다운
마무리'가 될 것이다.

---

15) 법정, 『아름다운 마무리』, 서울: 문학의 숲, 2008, pp.22~26.

〈부록 1〉 정년퇴임 고별 강연

▶ 일 시: 2018년 12월 4일 10:30~12:00

▶ 장 소: 산학협력관 301호 영상세미나실

▶ 주 제: "교수는 무엇으로 사는가?"

정치외교학과에서 주최한 정년퇴임 고별 강연은 학장 및 처장들을 포함하여 20여 명의 교수와 100여 명의 학생들이 참가한 가운데 성황리에 열렸다. 학과 차원의 퇴임식을 겸한 고별 강연이었는데, 순서는 변창구 교수에 대한 약력 소개, 학생대표의 꽃다발 증정, 학장의 축사, 퇴임교수의 고별 강연, 단체 기념촬영 등의 순서로 진행되었다.

존경하는 교수님, 그리고 사랑하는 학생 여러분!

겨울을 재촉하는 비가 내리고 있는 궂은 날씨에도 불구하고 이렇게 많이 참석해주신 여러분들께 먼저 감사의 말씀을 드립니다.

저는 오늘 38년간의 교수직을 마감하면서 '교수는 무엇으로 사는 사람이며, 행복한 교수생활이란 무엇인가?'를 여러 교수님들과 함께 생각해보고자 합니다. 또한 여기 참석한 학생 여러분들도 교수님들이 정말로 무엇을 소중히 생각하는가를 알게 됨으로써 더욱 면학에 충실하여 졸업과 더불어 각자의 꿈을 이룰 수 있기를 바랍니다.

대학의 위기상황에서 정년퇴임을 맞이하게 되니 마음이 편하지 않습니다. 떠나면서 위로를 받아야 할 퇴임교수가 오히려 남아 있는 교수님들에게 위로를 드리고 싶은 심정입니다. 대학을 둘러싼 환경이 만만치 않기 때문입니다. 대학의 엘리트교육이 대중교육으로 변화(대학진학률: 1970년대 20%, 현재 약 70%)되었고, 학령인구의 급감과 대학의 구조개혁, 교수연봉제 시행, 점차 가중되고 있는 행정업무 등 교수의 신분과 품위를 위협하고 있는 요인들이 한두 가지가 아닙니다.

사정이 이러하니 현재 우리나라의 대학들은 이념과 정체성(identity)을 생각할 겨를도 없이 오직 생존 그 자체에 급급하고 있습니다. 사회학자인 전상인 교수는 현재의 대학모습을 "대학 비슷한 곳에서 교수 비슷한 사람들이 학생 비슷한 이들을 가르치고 연구 비슷한 일을 하고 있을 뿐"이라는 자조적인 말을 하였습니다. 모두가 비슷할 뿐이라는 것이니 우리들의 부끄러운 자화상이 아닐 수 없습니다.

따라서 우리 교수들은 교수답게 정도(正道)를 가야 합니다. 최고의 지성이라고 할 수 있는 교수마저도 정도에서 벗어난다면 우리가 더 이상 희망을 애기할 수는 없기 때문입니다. 세상이 아무리 변한다고 해도 변하지 말아야 할 것들이 있습니다. 인간이 인간답게 사는 것은 변해서는 안 됩니다. 인간의 세계가 동물의 세계와 같이 변해서는 안 되기 때문입니다. 그리고 이 '흔들리지 않는 중심축의 한가운데에 우리 교수들이 있어야' 합니다. 사회변화를 이끌어가야 할 교수가 사회변화에 이끌려갈 수는 없습니다. 대학이 위기상황이라는 이유로 교수의 책무를 포기하는 것이 정당화될 수는 없기 때문입니다. 교수가 교육자의 사명을 포기하는 순간 그는 '교활한 정치꾼이나 장사꾼'이 되기 십상입니다.

또한 교수는 자신의 품위를 지키기 위해서 정치권력과 가까이 하지 않는 것이 좋겠습니다. 정치인들과 거리를 두고 그들의 행태(行態)에 대해서 시시비비를 가려주어야 하는 학자가 정치인의 주구노릇을 할 수는 없습니다. 정치학 교수인 저도 여러 정치인들로부터, 심지어 대학 동기인 국회의원으로부터 적지 않은 유혹이 있었다는 사실을 지금은 말할 수 있습니다. 저는 권력의 유혹을 받을 때마다 조심하고 또 조심하였습니다. 아마도 그때 권력을 탐하였다면 지금쯤 교도소에 들어가 있을지도 모르겠습니다.

대학교수가 정도를 걷지 않는다면 결국은 파국적 결과를 맞이할 수밖에 없습니다. 최근 우리는 서울의 명문 이화여자대학교의 총장, 학장, 입학처장 등이 최순실, 정유라 입학부정사건에 연루되어 구속되고 재판을 받는 모습을 TV를 통해서 생생히 보았습니다. 참으로 안타까운 일입니다. 이것은 모든 교수들이 '반면교사(反面教師)'로 삼아야 합니다. 이처럼 대학의 환경이 어려울수록 교수들은 더욱더 본연의 역할과 사명에 충실하고자 하는 의지와 노력이 필요합니다. 대학의 위기 속에 온갖 유혹과 압력이 여러분들을 괴롭히더라도 교수에게는 묵묵히 자신의 길을 갈 수 있는 용기와 지혜가 있어야 합니다.

인간사에 영원한 것은 아무것도 없습니다. 교수도 정년이 되면 물러나고 새봄이 오면 신임교수들이 캠퍼스에 활력을 다시 불어넣습니다. 또한 이때쯤이면 청운의 꿈을 안고 대학에 입학하는 새내기 대학생들이 반짝이는 눈으로 교수들을 맞이합니다. 참으로 '아름다운 대학의 풍경화'입니다. 나는 38년 동안이나 이 빛나는 청춘들과 함께할 수 있었으니 참으로 행복했습니다.

대학이 어려운 상황이니 당연히 교수들도 힘이 듭니다. 그럼에도 불구하고 외풍에 흔들리지 않고 정도를 지키려고 애쓰는 여러 교수님들에게 뜨거운 박수를 보냅니다. 이제 저는 교수직을 마감하면서 여러 교수님들의 '행복하고 가치 있는 교수생활'을 위하여 몇 가지 당부의 말씀을 드리고자 합니다.

첫째, 교수는 '생업(career)으로서의 교수'가 아니라 '천직(vocation)으로서의 교수'가 되어야 합니다. 교수는 본연의 사명, 즉 연구와 교육에 충실할 때 가장 빛나는 직업이라는 사실을 잊지 말기를 바랍니다. 왜냐하면 너무나 당연하게 여겨왔던 교수들의 소명의식이 이제는 급변하는 교육환경에다가 돈과 권력의 유혹으로 형식화되어가고 있기 때문입니다. 교수업적평가를 잘 받기 위한 연구와 교육은 자칫 주객전도(主客顚倒)의 어리석음을 범할 수 있습니다. 교수는 진정으로 의미 있는 연구와 교육활동을 하고 있는지를 스스로 점검해야 합니다. 연구를 위한 연구, 교육을 위한 교육이 되지 않도록 수시로 자신을 돌아볼 필요가 있습니다.

둘째, '권력 해바라기'라고 하는 '폴리페서(polifessor)'가 되지 않도록 자신에게 보다 엄격해야 하겠습니다. 교수도 사람인 이상 돈과 권력의 유혹에 무너질 수 있기 때문입니다. '중이 고기 맛을 알면 절간에 빈대도 안 남긴다'는 속담처럼, 교수도 권력의 맛을 알게 되면 본연의 사명에 충실할 수가 없습니다. 만약에 현실정치에 뜻이 있다면 교수직을 버리고 당당하게 도전하는 것이 교수 본인은 물론이고 대학이나 학생들을 위해서도 올바른 선택이 될 것입니다. 그러나 한 가지 명심해야 할 것은 국가에 기여하겠다고 '권력을 좇아 떠난 대부분의 폴리페서들은 정치적으로 실패'하였다는 사실을 잊지 않기를 바랍니다.

셋째, 대학 내의 권력을 둘러싼 '캠퍼스 폴리틱스'에도 초연한 자세를 유지해야 합니다. 왜냐하면 '캠퍼스 밖의 권력'이나 '캠퍼스 안의 권력'이나 '권력의 속성은 마찬가지'이기 때문입니다. 교수가 보직에 맛을 들이게 되면 본연의 책무인 연구와 교육을 제대로 할 수 없게 됩니다. 나의 경험으로 볼 때 오랫동안 대학에 재직하다 보면 캠퍼스 폴리틱스에 초연하게 있어도 한두 번은 보직 제안이 들어오고 때로는 불가피하게 봉사해야 할 경우도 있습니다. 그런데 무엇 때문에 스스로 나서서 본직의 수행에 별로 도움이 되지도 않는 보직을 탐한다는 말입니까? 이것은 '권력학'이라고 하는 '정치학'을 한평생 연구해온 학자의 눈으로 볼 때 어리석기 짝이 없는 일입니다.

넷째, 요즈음같이 힘든 세상을 살아가야 할 '아픈 청춘들',

즉 우리의 제자들에게 진정한 '인생의 멘토'가 되어주라는 것입니다. 이러한 역할을 잘할 수 있기 위해서는 '먼저 우리 교수들이 바람직한 인생관을 정립해야 한다'는 사실은 재언이 필요 없을 것입니다.

서울대학교 김난도 교수는 제자들에게 '아프니까 청춘'이라고 위로하였습니다만, '아프면 청춘이 아니라 환자'입니다. 아픈 사람에게는 위로보다 치료가 더욱 필요합니다. 교수는 대학생활과 인생의 선험자로서 제자들이 아픈 원인이 무엇인지를 정확히 진단하고 그것이 치료될 수 있도록 구체적 처방을 제시해야 합니다. 아픈 청춘들을 위로한답시고 학생들에게 '순간의 달콤함을 주는 진통제 처방'을 하는 것은 결국 '제자들을 죽음으로 내모는 살인행위'나 다름이 없음을 알아야 합니다.

다섯째, 대학의 위기상황에서도 교육자인 교수는 정도를 걸어야 합니다. 학령인구의 감소로 인한 신입생 유치 어려움, 졸업생의 취업난과 진로지도, 대학의 구조개혁 등 교수들을 비굴하게 만들 수 있는 요인들은 날로 증가하고 있습니다. 우리 교수들이 교육자로서 정도를 가지 못한다면 강단에서 학생들에게 무엇을 가르칠 수 있을까요? 교수는 교육자이기 때문에 결코 장사꾼이 될 수 없으며 또 그렇게 되어서도 안 됩니다. 사회를 올바른 방향으로 이끌어가야 할 교수가 사회변화를 핑계로 따라갈 수는 없는 일입니다. 교수는 대학의 위기 속에서도 당당하게 올바른 길을 걸어갈 수 있을 때 비로소 보람과 행복을 느낄 수 있는 존재입니다.

여섯째, 교수는 가진 자로서 '노블레스 오블리주(*noblesse oblige*)'를 실천해야 합니다. 교수는 돈이나 권력은 없지만 지식인으로서 명예(위신)를 가지고 있습니다. 연세대학교의 송복 교수는 사회적 삼권분립을 제창했지요. 사회적 삼권이란 돈·권력·명예(위신)입니다. 권력이 입법·행정·사법 등 3권으로 분립되어 견제와 균형을 이루어야 하듯이, 인간은 세 가지의 욕망 가운데 하나만 추구해야 한다는 것입니다. 교수는 돈과 권력은 없으나 명예가 있으니 당연히 가진 자로서 책임을 다해야 합니다. 비슷한 능력을 가진 학자들의 치열한 경쟁을 뚫고 '운 좋게 교수로 선발된 우리들은 그 행운에 따른 책임'을 다하는 것이 마땅한 일입니다. 교수가 부자는 될 수 없어도 밥은 먹고 살 수 있으니 명예를 소중히 생각해야 합니다. 우리들이 가지고 있는 능력을 사회에 환원하는 것은 지식인으로서 당연히 해야 할 선비정신, 즉 노블레스 오블리주입니다.

마지막으로 퇴임 이후를 위해서라도 현재의 교수직에 최선을 다하시기를 바랍니다. 저도 정년이 다가오면서 퇴임교수들의 생활이 궁금해서 직접 만나거나 간접적으로 전해 들은 결과 4가지 정도의 그룹으로 나누어볼 수 있었습니다. 첫째, 재직 때와 다름없이 활발하게 연구와 저술, 사회봉사활동을 하고 있는 교수들, 둘째, 재직 때의 전공과는 전혀 다른 분야로 인생 2모작을 하는 교수, 셋째, 여행이나 운동 등 취미활동 중심으로 생활하는 교수들, 그리고 마지막으로 아무런 일도 하지 않고 자택에서 소일하는 '은둔형 교수' 등입니다.

이 가운데 내가 가장 큰 관심을 가졌던 부류는 첫 번째 그룹, 즉 재직 때의 전공과 지식을 살려서 '지적 생활'을 계속하는 교수들이었습니다. 이들은 대학에서 하던 연구를 계속하고 있었고, 교육의 대상이 '대학생으로부터 일반인들로 바뀌었을 뿐'이었습니다. 가장 건강한 상태로 가장 보람 있는 사회봉사를 하고 있었다는 사실입니다. 이들의 공통점은 모두가 현직 교수시절에 교수의 3대 책무인 연구와 교육, 봉사에 남다른 열정을 가지고 있었던 교수들이었습니다.

물론 퇴임 이후에 할 수 있는 일들이 무엇인가는 교수들마다 다를 것이지만 가장 바람직한 것이 있다면 '재직 중에 지속적으로 해왔던 일의 연장선에 있거나 그와 관련성이 있는 일들'이 좋을 것입니다. 왜냐하면 한평생을 대학에서 연구와 교육에 바친 학자가 퇴임 이후에 성공할 수 있는 일의 성격은 대체로 예상할 수 있기 때문입니다.

아무튼 교수직은 저에게 정말 보람 있는 직업이었고 행복의 원천이었습니다. 만약 제가 다시 태어날 수만 있다면 그때도 저는 교수를 한 번 더 제대로 해보고 싶습니다.

저는 매일 아침 출근할 때 우리 대학의 정문 전광판에서 반짝이는 'The University'를 봅니다. 우리 대학의 경쟁력은 그 본질에 충실하는 것이 최선이라는 뜻이겠지요. 대학은 대학답게, 교수는 교수답게, 그리고 학생은 학생답게 각자의 책무에 충실한다면 '위기는 오히려 기회'가 될 수 있을 것입니다.

'대학의 위기와 교수의 위기는 상호작용하는 관계'에 있다는 사실을 잊지 않아야 합니다. 교수가 좌고우면(左顧右眄)하면 대학의 위기는 더욱 심화됩니다. 교수가 묵묵히 교수의 길을 갈 수 있어야 대학의 위기도 극복될 수 있다고 생각합니다. 프랭크 시나트라(Frank Sinatra)의 노래 'My Way'처럼 여러 교수님들은 비바람이 불어와도 당당하게 '정도'를 걸어나감으로써 위기를 극복하고 행복한 교수생활을 하시기 바랍니다. 저는 가톨릭신자는 아닙니다만 '교황 바오로 2세'의 말씀을 빌려서 이 자리를 마치려고 합니다.

"저는 교수로서 참 행복했습니다. 여러분들도 행복하십시오."

감사합니다.

2018년 12월 4일
정치외교학과 교수 변창구

〈부록 2〉 대학신문 고별 인터뷰

▶ 일 시: 2018년 11월 27일 15:00~17:00
▶ 장 소: 교수연구실(C1-310호실)

우리 학교 정치외교학과 변창구 교수가 이번 학기 강의를 마지막으로 내
년 2월 말 정년퇴임을 맞는다. 변창구 교수는 1981년부터 부산교육대학교
에서 6년을, 그리고 우리 학교에서 32년을 강단에 섰다. 대학신문사에서는
38년 동안 교수생활을 끝으로 정년퇴임을 앞둔 변창구 교수의 소회와 학
생들에게 전하고자 하는 이야기를 들어보았다. <대학신문, 2018년 12월 3
일자, 5면 특집>

◈기자◈ 먼저 정년퇴임을 하시는 소감을 부탁드립니다.

◈답변◈ 나는 지난 38년 동안 교수생활이 참 행복했습니다.
아마도 그것은 교수라는 직업이 나의 적성과 잘
맞았기 때문이라고 생각합니다. 교수의 중요한 책
무는 교육·연구·봉사인데 이 세 가지의 일들을
모두 즐겁게 할 수 있었습니다. '작은 천국'이라는
'교수연구실'에서 학문을 연구하고, 강의실에서는
눈빛 반짝이는 청춘들을 교육하는 보람은 교수가
아니면 가질 수 없는 즐거움이자 행복이었습니다.
그런데 최근에 들어와서 안타깝게 생각하는 것은
학령인구의 급격한 감소로 대학이 위기를 맞고 있
고, 그것이 교수의 위기로까지 이어지고 있다는 사

실입니다. 옛날 같으면 퇴임하는 교수는 현직교수들로부터 축하와 위로를 받았는데, 이제는 퇴임하는 교수가 오히려 남아 있는 교수들을 걱정해야하니 마음이 착잡합니다. 그럼에도 불구하고 교수님들은 교육자로서 가야 할 정도(正道)를 당당히 걸어감으로써 빛나고 행복한 교수생활이 되기를 바랍니다.

๛기자๙ 오랫동안 제자들을 양성하면서 교육자로서의 소신이 있습니까?

๛답변๙ 나의 교육자로서의 소신은 "교수는 교수다워야 하고 학생은 학생다워야 한다는 것"입니다. 그렇지 않으면 대학은 존재가치를 상실하게 됩니다. 오늘날 우리나라 대학의 상황을 어떤 사회학자는 "대학 비슷한 곳에서 교수 비슷한 사람들이 학생 비슷한 이들을 가르치고 연구 비슷한 일들을 하고 있을 뿐"이라고 한탄한 바 있습니다. 우리는 왜 이런 자조적인 말이 나왔는가를 진지하게 생각해볼 필요가 있습니다. 이것은 교수든 학생이든 각자 본연의 책무를 다하지 못한다면 교수가 아니고 학생이 아니라는 뜻입니다.

교수의 중요한 책무는 교육·연구·봉사인데 이

가운데서 가장 중요한 것은 교육입니다. 교수가 교육의 중요성을 인식하지 못하고 연구에만 매달린다면 그는 대학이 아니라 연구기관에 가야 합니다. 따라서 연구중심대학이건 교육중심대학이건 대학에서 교수의 가장 중요한 사명은 교육입니다. 교수는 훌륭한 인재를 양성함으로써 교육자로서의 보람과 행복을 갖게 되는 것입니다.

그런데 최근 교수들을 둘러싼 대학환경이 악화됨으로써 교육에 대한 사명감이 다소 떨어지고 있는 것이 안타깝습니다. 교수는 학생들의 인기에 영합하는 포퓰리스트가 되어서는 안 됩니다. 교수는 교육자이지 연예인이나 장사꾼이 아닙니다. 교수가 학생을 '인격적으로 대하면서 가르치는 것'과 학생들의 '인기에 영합하는 것'은 다른 것입니다. 또한 학생들도 역시 학생다운 자세로 교수를 인식하고 학업에 임하는 것을 잊지 말아야 합니다.

◈기자◈ 교수들의 학생지도는 어떻게 되어야 한다고 생각하십니까?

◈답변◈ 어떤 교수의 '아프니까 청춘이다'라는 책이 베스트셀러에 오른 적이 있습니다. 나의 생각은 교수가

'아픈 청춘들의 의사'가 되어야 한다고 생각합니다. '아프면 청춘이 아니라 환자'입니다. 환자에게 필요한 것은 '위로가 아니라 치료'입니다. 다시 말해 교수는 학생들의 아픔을 단순히 위로해주는 것으로 끝나서는 안 되고, 아픈 부위를 수술해서 근본적 치유가 될 수 있도록 조언을 해야 합니다. 순간적 위로는 달콤하지만 학생의 병을 근본적으로 고칠 수는 없습니다.

학생들도 '교수가 명의인지 아니면 돌팔이 의사인지'를 구분할 줄 아는 안목이 필요합니다. 학생들의 인기에 영합하는 교수는 '돌팔이 의사'라고 할 수 있으며, 학생들의 수술 부위(잘못된 대학생활)를 정확히 진단하고 그것을 고칠 수 있도록 조언해주는 교수가 '명의'입니다. 따라서 학생들은 '좋은 약은 입에 쓰다'는 우리 속담을 명심할 필요가 있습니다.

∞기자∞ 학생들에게 가장 해주고 싶은 말씀이 있다면 무엇입니까?

∞답변∞ 대학을 다니는 목적을 분명히 인식하고 꿈(진로, 목표)을 갖는 것이 중요합니다. 나는 기자에게 "왜 대학에 왔는가?" 그리고 "대학진학 이후에 인생의

방향, 즉 졸업 후 진로가 정해졌는가?"를 묻고 싶습니다. 대부분의 학생들은 '모두들 대학에 가니까 나도 가야 하지 않겠는가?' 또는 '우리나라는 학벌이 중요하니까 대학 간판이라도 있어야 한다'는 등 대학 진학의 목적이 분명하지 않습니다. 본인의 점수에 맞추어서 대학과 학과를 선택하였으니 자신의 적성과 맞지 않은 경우도 많습니다. 학생은 꿈이 있어야 열심히 공부할 동기가 생기는 것이고, 이것은 결국 성공과 행복한 삶으로 연결됩니다. 여러분도 재학 중에 가능한 일찍 꿈(공상이 아니라 이상)을 찾기 위해 노력하기 바랍니다. 실현가능한 꿈을 찾는 것은 결코 쉬운 일이 아니기 때문입니다.

⊗기자⊗ 그렇다면 학생들이 자신의 꿈을 이루기 위해서는 어떻게 해야 합니까?

⊗답변⊗ 현실을 정확히 인식하고 철저히 준비하는 것이 중요합니다. 대학생들은 젊고 무한한 가능성을 가지고 있기 때문에 이상주의적 사고를 가지고 있습니다. 그러나 아무리 좋은 이상이라도 현실을 무시한다면 실현되기 어렵습니다. 우리 학생들은 현실의 벽이 얼마나 높은가, 그리고 그 벽을 넘으려면 내가 대학시절에 무엇을, 어떻게 준비해야 하는가를 정확히 인

식하고 착실히 노력하면 마침내 꿈은 이루어집니다.

예를 들어서 어떤 학생이 외교관이 되어서 우리 나라의 국가이익과 세계평화에 기여하기 위하여 반기문 유엔사무총장과 같은 사람이 되는 꿈(이상) 이 있다고 합시다. 그렇게 되기 위해서는 국립외교 원(과거의 외무고시)에 입학하여 외교관에 선발되 어야 합니다. 국립외교원 선발고사에 통과되기 위 해서는 유창한 영어능력은 물론이고 필기시험과 면접시험에 통과되어야 하는데, 이 학생은 영어능 력 향상에는 노력하지 않고 말로만 장차 외교관이 될 것이라고 한다면 실현이 되겠습니까? 이 세상 에 준비는 하지 않고 말로만 이루어질 수 있는 것 은 아무것도 없습니다.

이와 함께 대학생들은 '생각의 힘'을 키워야 합니 다. '생각의 힘'은 졸업 후 취업면접에서나 직장인 이 되었을 때 빛을 발하게 될 것입니다. 공무원이나 기업체에서 면접위원으로 참여해서 심사를 해보면 책을 많이 읽은 사람과 그렇지 않은 사람을 금방 구 별할 수 있습니다. 면접을 준비한다고 예상문제만 공부한 사람은 결코 시험에 합격할 수 없습니다. 생각의 깊이가 있는 사람은 답변의 내용도 가치가 있다는 것을 잊지 말기 바랍니다. 따라서 대학생들 은 생각의 힘을 키우기 위해서 전공만 공부할 것이 아니라 고전과 교양서도 많이 읽어야 합니다.

◈기자◈ 마지막으로 졸업을 앞둔 학생들에게 당부하고 싶은 말씀이 있으면 주십시오.

◈답변◈ 대학교육을 받은 지성인으로서 '노블레스 오블리주'를 실천하기 바랍니다. '노블레스 오블리주'란 '가진 자(돈·권력·명예 등)의 도덕적 의무'를 말합니다. 졸업 후 꿈을 이루게 된다면 자기보다 능력이 부족한 사람들과 더불어 살아가기를 바랍니다. 자신이 가진 것을 남에게 나누어줄 때 가장 행복하다는 것이 선현들의 말씀입니다. 고(故) 김수환 추기경은 "사랑이 머리에서 가슴으로 내려오는 데 70년이 걸렸다"고 하였는데 그만큼 우리는 알고 있는 것을 실천하는 것이 어렵습니다.

더욱이 우리 대학의 교훈은 '사랑과 봉사'입니다. 이러한 교육을 받은 졸업생들은 노블레스 오블리주를 실천하는 것이 마땅합니다. '잘사는 것'보다는 '바르게 사는 것', 나아가 '바르게 사는 것'보다 '남을 위해 사는 것'이 더욱 가치 있는 삶입니다. 부디 여러분들의 꿈이 이루어지기를 바라며, 사회인이 되었을 때는 노블레스 오블리주를 실천하는 행복한 삶을 살아가기를 바랍니다.

참고문헌

(단행본 및 논문)

강남희(역), 폴 그레이(외 공저), 『대학 교수가 되는 299가지 방법』, 서울: 홍
    문관, 2012.

강태진(외), 『코리아 아젠다 2018』, 서울: 나녹출판사, 2017.

권태준, 『한국의 대학: 도전과 변화』, 서울: 나남출판사, 2011.

김난도, 『아프니까 청춘이다』, 서울: 쌤엔파커스, 2010.

김동익, 『대학교수, 그 허상과 실상』, 파주: 나남출판사, 2009.

김동훈, 『대학이 망해야 나라가 산다』, 서울: 바다출판사, 1999.

김욱(역), P. G. 해머튼(저), 『지적 생활의 즐거움』, 서울: 도서출판 리수, 2015.

김형석, 『100년을 살아보니』, 서울: 덴스토리, 2016.

김형석, 『남아 있는 시간을 위하여』, 파주: 김영사, 2018.

김형석, 『행복예습』, 서울: 덴스토리, 2018.

민현기, 『교수들의 행진』, 서울: 문학과 사상사, 1996.

법정, 『아름다운 마무리』, 서울: 문학의 숲, 2008.

변창구, "선비정신의 현대적 의의와 발전방안", 『민족사상』, 제10권 제1호, 한
    국민족사상학회, 2016.

변창구, "석주 이상룡의 선비정신과 구국운동", 『민족사상』, 제8권 제1호, 한
    국민족사상학회, 2014.

변창구, "남명 조식의 선비정신과 출처관", 『민족사상』, 제7권 제2호, 한국민
    족사상학회, 2013.

송복, 『특혜와 책임』, 서울: 가디언, 2016.

윤재원(역), 데버러 로드(저), 『대학의 위선: 공적 지식인으로서 교수는 어디로
    사라졌는가』, 서울: 알마출판사, 2015.

이광주, 『대학의 역사』, 서울: 살림출판사, 2013.

이순영(역), 톨스토이(저), 『사람은 무엇으로 사는가』, 서울: 문예출판사, 2015.

이희승, 『딸깍발이』, 파주: 범우사, 2013.

전상인, 『우리 시대의 지식인을 말한다』, 서울: 에코리브르, 2006.
조명석, 『강릉대 아이들, 미국 명문대학원을 점령하다』, 파주: 김영사, 2007.

(칼럼 및 기사)

김성아, "강의평가, 이제는 탈바꿈할 때", 『교수신문』, 2018년 3월 19일.
김혜숙, "'가르친다'는 일의 위중함과 위선자가 될 위험 … 교수는 무엇으로
　　　사는가?", 『교수신문』, 2016년 12월 26일.
박노자, "한국, 폴리페서들의 천국", 『한겨레』, 2018년 1월 3일.
송호근, "감동을 찾아서", 『중앙일보』, 2016년 8월 9일.
이광수, "정규직 대학 교수사회를 보면서 목 놓아 운다", 『가톨릭뉴스』, 2009
　　　년 8월 12일.
이영성, "외눈박이 언론, 불신의 나라", 『한국일보』, 2010년 5월 28일.
이현청, "대학의 위기와 미래 대학의 역할", 『한국대학신문』, 2017년 1월 1일.
임동영, "대학인으로서 수업예절 필요", 『연세춘추』, 2000년 4월 17일.
전상인, "병든 지식인의 사회", 『조선일보』, 2017년 10월 21일.
최성욱, "2023년까지 대학교수 TO 1만 개 사라진다", 『교수신문』, 2015년 5
　　　월 26일.
최장집, "학자는 '공정한 심판관', '참여적 관찰자' 역할 해야", 『교수신문』,
　　　2014년 2월 18일.

변창구(邊昌九)

◎ 약 력

- 안동고등학교 졸업(1972)
- 고려대학교 정치외교학과 졸업(1977)
- 경북대학교 대학원 정치학박사(1987)
- 미국 University of Southern California 객원교수(2002~2003)
- 부산교육대학교 윤리교육과 교수(1981~1987)
- 대구가톨릭대학교 정치외교학과 교수(1987~2019)

◎ 연구활동

◆ 연구분야: 국제정치, 동남아와 ASEAN, 안보통일문제, 선비정신

◆ 저 서

- 『촛불집회와 다중운동』(공저), 한국학술정보, 2019
- 『중국의 부상과 동아시아』(공저), 백산서당, 2012
- 『동아시아 지역질서의 변화와 한국의 선택』, 한국학술정보, 2011
- 『세계화시대의 국제관계』, 대왕사, 2008
- 『정치학의 이해』(공저), 법문사, 2002
- 『아세안 운영체제론』, 대왕사, 2002
- 『21세기 동아시아 안보와 한국』, 대왕사, 2000
- 『아세안과 동남아국제정치』, 대왕사, 1999
- 『신세계질서론』(공저), 대왕사, 1999
- 『제3세계 정치외교론』, 중문출판사, 1995

◆ 논 문

"국제레짐으로서 아세안의 운영체제: 도전과 전망"(국제정치논총 제42권 3호, 2002,
한국국제정치학회) 외 100여 편의 논문을 주요 학술지에 발표

◆ 학회활동

- 동아시아국제정치학회 회장(2001)
- 대한정치학회 회장(2005)
- 한국정치정보학회 고문(2010~현재)
- 한국국제정치학회 부회장(2003), 감사(2002), 출판이사(2000)

- 한국동북아학회 부회장(2001~2016)
- 한국세계지역학회 부회장(2002~2008)
- 한국정치외교사학회 부회장(2004~2006)
- 21세기정치학회 부회장(2001)
- 한국정치학회 연구이사(1998)
- 한국동남아학회 연구이사(1999~2001)
- 국제지역학회 기획이사(1999)
- 한국통일전략학회 이사(2011~현재)
- 동아시아국제정치학회 고문(2002~현재)

◈ 연구관련 평가 및 수상
- 저서 『동아시아 지역질서의 변화와 한국』이 대한민국학술원 우수학술도서로 선정(2012)
- 동아일보(2013년 9월 23일)가 평가한 한국의 연구력 우수학자(정치외교학 분야) 50인에 선정
- 한국동북아학회와 한국통일전략학회가 공동으로 수여한 제3회 '정치학대상'을 수상(매일신문, 2010년 11월 5일)
- 대학에서 평가한 연구실적 최우수교수(S등급)로 선정 및 연구업적 우수상 수상

◉ 교육활동

- 강의평가 우수교수 및 교수법 우수교수로 선정
- 전공동아리 CIS 창설(1998), 학습 및 취업지도 21년
- 대학 취업동아리 평가에서 매년 최우수동아리에 선정(KBS와 동아일보에 보도됨)

◉ 봉사활동

◈ 교내봉사
- 입학처장(2005~2006)
- 법정대학 학장(2007~2008)
- 국제대학원 원장(2007~2008)
- 사회과학연구소 소장(2013~2014)
- 기획연구처 부처장(2000~2001)
- 법정연구소 소장(1997~1999)
- 대학중장기발전협력위원회 위원(2016~현재)

◈ **교외봉사**

(1) 위원회 및 사외이사
● 대통령직속 민주평화통일자문회의 자문위원(1999~2012)
● 외교통상부 정책자문위원(2004~2006)
● 대구광역시 인사위원회 위원(2010~2012)
● 대구광역시 외국인주민시책위원회 부위원장(2009~2011)
● 대구광역시 공무원 시험위원회 위원 및 위원장(2009~현재)
● 대구시설공단 사외이사(2014~2017)
● 대구광역시 용역심의위원회 위원(2008~2010)
● 경상북도 공무원시험위원회 위원 및 위원장(2008~현재)

(2) 강연활동
한국능률협회, 민주평화통일자문회의 대구지회, 부산광역시 교육위원회, 부산광역시 공무원교육원, 대구광역시 공무원교육원, 경상북도 공무원교육원, 김해국제공항공단, 라이온스클럽, 2군사령부, 해병대사령부, 육군제3사관학교, 대구시 및 경산시문화원 등

(3) 신문기고 및 방송출연
● 매일신문, 영남일보, 경북매일신문, 평통신문 등에 기고
● KBS, MBC, TBC, TBN 등에 토론 및 인터뷰

교수는
무엇으로
사는가

초판인쇄 2019년 2월 28일
초판발행 2019년 2월 28일

지은이 변창구
펴낸이 채종준
펴낸곳 한국학술정보㈜
주소 경기도 파주시 회동길 230(문발동)
전화 031) 908-3181(대표)
팩스 031) 908-3189
홈페이지 http://ebook.kstudy.com
전자우편 출판사업부 publish@kstudy.com
등록 제일산-115호(2000. 6. 19)

ISBN 978-89-268-8716-5 93040